BIBLIOTHÈQUE

RELIGIEUSE, MORALE, LITTÉRAIRE,

POUR L'ENFANCE ET LA JEUNESSE.

PUBLIÉE AVEC APPROBATION

DE Mgr L'ARCHEVÊQUE DE BORDEAUX.

———

1re SÉRIE in-8°.

LE HIGHLANDER

OU LE

MONTAGNARD ÉCOSSAIS

PAR

L. ENDURAN.

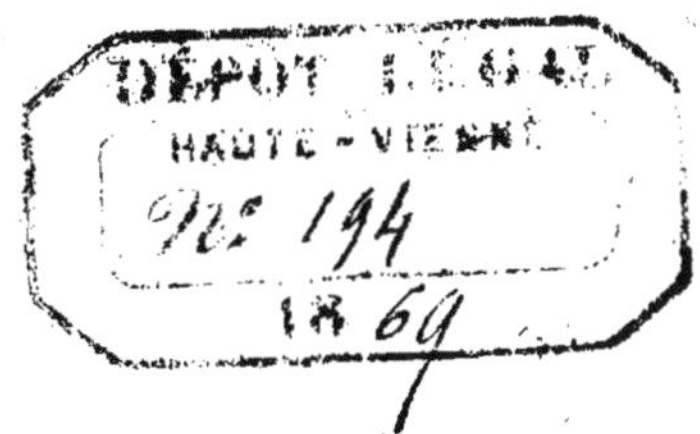

LIMOGES,

Eugène ARDANT et C. THIBAUT,

Imprimeurs-Libraires-Éditeurs.

LE HIGHLANDER.

CHAPITRE Ier.

— Gare à nous! mon père, il se prépare un mauvais grain.

— Déferle la petite voile, Donald, et appuie sur l'aviron; nous touchons à la côte.

Les vagues commençaient à moutonner écumeuses; un nuage aux flancs noirs diaprés par les rayons du soleil couchant montait à l'horizon, et le silence, solennel précurseur de la tempête, pesait sur le frémissement des flots.

— Il n'y faut plus compter; le lougre de Malcolm n'arrivera pas ce soir.

— Tant pis; je n'ai pas aperçu encore l'ombre d'un douanier en croisière, et de plusieurs jours peut-être l'occasion ne sera aussi favorable.

— Je ne sais quel obstacle aura pu le retenir ; il n'est pas dans le comté d'Orkney un contrebandier plus hardi.

— Ah ! c'est que Kirkwall est une bonne ville, et les dames de Lerwick une excellente clientèle. Vire de bord pour éviter l'estuaire, Donald ; il nous ramènerait en pleine mer.

Le vigoureux highlander fit voler l'embarcation sur la houle de l'Océan, et vint atterrir dans l'anfractuosité d'un énorme rocher basaltique, mordu d'espace en espace par les fureurs de la tempête ; puis chacun des deux hommes, rattachant la frêle barque à un câble flottant sur l'abîme, commença une périlleuse ascension, qui le conduisit à travers mille dangers, dédaignés à force d'habitude, sur une plate-forme presque impénétrable du côté de la mer, tout-à-fait invisible du côté des terres. La nacelle disparut par la même voie, et bientôt l'on n'entendit plus que la mer mugissante. On ne vit que l'espace s'enfonçant dans les ténèbres.

C'était une étrange retraite que celle de l'Ecossais Donald. L'île de Pomona, la plus grande des Orcades, forme sur l'Océan une infinité de déchiquetures, sûrs abris de la contrebande du nord ; un sol montagneux, aride, couvert de bruyères et de marécages, contraint ses quinze mille habitants au métier aventureux d'une fraude organisée, sauf les ouvriers qui travaillent aux mines de fer, très abondantes et d'une qualité supérieure dans ce pays. Kinnatel était employé aux forges de Kirkwall; Donald, son fils, avait de graves motifs pour dérober au monde jusqu'à son existence. Depuis la réunion de l'Ecosse à l'Angleterre (1707), sous la reine Anne, le premier de ces royaumes, qui fournissait seize pairs à la haute chambre et quarante-cinq députés aux communes, dut apporter son contingent à la milice de la Grande-Bretagne. Toutefois, malgré les édits sévères du souverain, l'esprit de rébellion continuait, et les réfractaires étaient nombreux, surtout dans les hautes terres, où la tradition perpétuait l'esprit de liberté.

La famille de Donald était, plus que toute autre, attachée à l'idée nationale. Descendant de Grim, qui régnait en 985, ils avaient successivement perdu tous leurs priviléges sans dépouiller leur fierté. Ce laird de Kinnatel n'avait plus de seigneurie, plus de vassaux ni de domaines. C'était tout simplement un pêcheur d'habileté reconnue, de généalogie douteuse. Sa famille se composait d'une belle jeune fille nommée Cora, âgée de dix-huit ans au moment où commence notre histoire, de Donald le contrebandier, et de sa femme Ketty, obscur et dernier représentant de la dynastie des Fergus.

Comment les rejetons des rois d'Ecosse étaient descendus à ce degré de l'échelle sociale qui sépare la misère du crime, je ne saurais l'attribuer qu'aux efforts successifs tentés en faveur de ce qu'ils appelaient la bonne cause. Toujours est-il qu'il ne leur restait rien désormais que des filets et une barque plus amie des ténèbres que du grand jour.

Donald s'était soustrait par la fuite à la levée faite par Georges IV, roi d'Angleterre, entré dans la ligue des souverains de l'Europe contre la France. Il ne vivait plus que dans le cœur de ses parents; pour les habitants de Pomona, il était mort dans une tempête. Ne croyez pas cependant que le fils de Kinnatel se fût éloigné beaucoup de son pays natal. Les flots qui baignent Kirkwall connaissaient sa retraite, et souvent de hardis coups de main avaient révélé aux garde-côtes la présence mystérieuse d'un ennemi inconnu, mais redoutable.

A l'extrémité septentrionale de l'île, un sombre rocher reste impassible au milieu des flots courroucés. A voir son front sourcilleux, les aspérités de sa surface, vous diriez le géant des tempêtes, le lutteur avancé et toujours invaincu de la terre et de l'Océan. A une hauteur de vingt-cinq mètres environ, il forme un brusque retrait de quinze pieds tapissé d'un gazon verdoyant, et, par un de ces jeux de la puissante nature dans les cataclysmes de l'univers, le roc laissant un gouffre béant de hauteur d'homme, revient sur lui-même et surplombe la première partie. Un sentier escarpé, à peine accessible au chevreuil, conduit sur la plate-forme supérieure et fait communiquer cet asile étrange avec le reste de l'île. C'est là que, dans un antre profond, à la voûte assez élevée, s'était caché Donald.

Que nos jeunes lecteurs pénètrent avec nous dans cette sauvage demeure. Dans un angle obscur, un lit étendu sur la fougère verte. A côté, suspendus à la paroi du mur, un fusil, deux pistolets et une dague qu'il porte plus souvent à sa ceinture. Plus loin, un grossier buffet, et du côté opposé au grabat, presque à l'entrée de la grotte, deux pierres entre lesquelles fument encore des charbons à demi consumés.

Après avoir mis à l'abri la barque fragile, complice d'un coupable commerce, Kinnatel tendit la main à son fils, la pressa fortement, et disparut par l'étroit sentier. Donald se glissa sur ses genoux dans la caverne, s'assit sur un escabeau brisé, prit une pipe dont la noirceur annonçait les longs services, et aspira silencieusement les bouffées de l'enivrant narcotique.

Au-dehors le vent soufflait avec violence, la grande voix des mers hurlait tristement, et la lune ne jetait que par échappées ses faibles rayons, amoindris encore par l'épaisseur des nuages.

Quels rêves poursuivait le jeune highlander dans sa sombre demeure? Pourquoi son front s'inclinait-il sous un morne désespoir? Jamais, au milieu de sa vie aventureuse, il n'avait éprouvé un pareil accablement. Les déchirements de la nature semblaient pénétrer dans son cœur, et la voix du remords crier dans la caverne. Donald était las de la solitude et du crime.

Il était né bon et aimant; l'exagération du sentiment patriotique l'avait conduit à la rébellion, la nécessité le retenait dans un honteux trafic. Ce n'est pas à la lâcheté qu'il faut attribuer sa résolution d'échapper aux lois anglaises. Certes celui qui avait passé sa jeunesse dans les fatigues de la chasse des montagnes; celui qui, pour quelques schellings, bravait chaque soir les colères de l'Océan et les carabines des douaniers, ne connaissait pas la peur. Mais je ne sais quelle haine héréditaire contre les *usurpateurs*, quel culte sacré, quelles vagues espérances vivaient au fond de son âme.

La nuit était venue, nuit sombre, mystérieuse, où l'œil s'égarait dans les ténèbres épaisses qui confondaient le ciel et les flots. Donald poussa un douloureux soupir, jeta son plaid sur ses épaules, et sortit en rampant de l'antre solitaire. Quelques instants après, les pas lourds du jeune homme faisaient retentir les rues désertes de Kirkwall. Il s'arrêta devant une maison d'humble apparence, dont la porte mal fermée laissait passer de timides rayons.

— Donald! s'écria une vieille femme en voyant se dessiner sur le seuil la haute taille de l'Écossais.

— Oui, mère, répondit-il en la pressant contre son cœur; je serais mort là-haut d'ennui, de douleur, que sais-je? et je suis venu.

Son père se leva et mit le verrou à la porte ; puis il éteignit la lampe fumeuse qui brûlait suspendue au milieu de la chaumière, et les faibles lueurs de l'âtre éclairèrent seules la pauvre famille. Ketty s'était assise à côté de son fils, et ne pouvait se lasser de l'admirer ; ce bonheur lui arrivait si rarement !

— Où est Cora ? demanda le proscrit.

— Elle est allée chez Tremnor porter quelques paquets de tabac. Il part ce soir pour Mainland ; mais elle ne peut tarder à revenir.

— Quelque jour il nous arrivera malheur avec ces négoces de nuit, murmura Donald. C'est une œuvre de démon.

Le vieux contrebandier jeta sur son fils un regard sévère, et la pauvre femme ajouta :

— Dieu nous garde ; mais depuis qu'il n'y a plus pour nous d'ouvrage aux mines, c'est une vie bien inquiète que la nôtre.

— Il nous protégera, mère, en considération de vos vertus et de celles de ma sœur bien-aimée ; mais il me prend envie bien souvent de partir, par une nuit obscure comme celle-ci, et de gagner les côtes de Norwége. Là aussi les mines sont abondantes, et le travail ne vous y manquerait pas.

— Il n'y a qu'une Ecosse, et dans l'Ecosse qu'un Kirkwall.

Cependant Old-Ketty (1), comme on appelait la

(1) Vieille Catherine.

mère Kinnatel, avait dressé au milieu de la chambre une table boiteuse ; un linge d'une éclatante blancheur se déroula sous ses mains agiles, et le souper fut servi. Les mets étaient ceux que l'on rencontre d'ordinaire dans les cottages d'Écosse et d'Irlande, un morceau de lard enfumé, un plat de poisson savoureux et du fromage prétendu de Chester. Mais la tendresse était là pour suppléer à ce repas modeste.

Sur les neuf heures du soir, un coup léger fut frappé à la porte de la cabane ; Old-Ketty se hâta d'ouvrir, et une jeune fille s'élança dans le sombre séjour ; puis apercevant Donald :

— Mon frère, s'écria-t-elle.

— Paix, mes enfants, dit le vieux contrebandier. *Vous n'avez pas plus tôt parlé que votre ennemi suit vos paroles.* Le vieux proverbe a raison.

— Tu nous a surpris, Donald.

— Je ne pouvais rester plus longtemps sans vous voir ; la nuit est obscure et la vie bien longue dans l'antre de Devil's-Hill.

— Cora, va tirer deux bouteilles d'ale en l'honneur de ton frère.

La jeune fille disparut et dit en revenant :

— Malcolma fait savoir à Tremnor qu'il avait mis en panne à huit milles de la côte, et qu'il serait demain à portée de l'embarcation sur les dix heures du soir.

— Mon Dieu, s'écria la pauvre Ketty, ayez pitié de nous. Je tremble à chaque expédition nouvelle.

— J'ai mis un cierge dans la chapelle de la Vierge de l'église de Saint-Patrick, murmura Cora.

— Pourvu que les presbytériens n'aillent pas l'éteindre.

— Nous n'avons pas encore de sang aux mains ; une heure peut venir où nous serons forcés de nous défendre.

— Donne-nous du gin, femme, et laissons de côté toutes ces alarmes. N'est-il pas au moins extraordinaire que vous choisissiez pour vos lamentations le jour où vous avez à recevoir un fils que vous n'avez pas vu depuis trois grands mois ?

Ces paroles ramenèrent une triste gaieté sous le toit de Kinnatel, et l'on n'entendit bientôt plus que le choc des verres et les mystérieuses confidences de la famille.

Old-Ketty était superstitieuse et depuis longtemps tourmentait son fils pour lui faire consulter une gypsy en grande renommée dans tout le comté des Orcades. Elle ne perdait jamais une occasion de renouveler ses sollicitations inquiètes, et celle-ci était trop belle pour la laisser échapper

Les gypsy (1), en Angleterre, et surtout dans la haute Calédonie, jouent parmi le peuple un rôle fort important. Leur caste est nombreuse et affiliée par des liens secrets ; ressemblant un peu à nos

____

(1) Diseuses de bonne aventure.

bohémiennes et aux devineresses du reste de l'Europe, elles vont par les villes et les campagnes abusant de la crédulité du peuple et prédisant l'avenir. Elles reçoivent en échange quelques *pence* ou des provisions de bouche pour elles et les enfants, presque toujours volés, qu'elles élèvent à leur métier infâme.

Celle dont nous parlons jouissait d'une grande renommée. D'où venait-elle, nul ne le savait ; un vaisseau danois, qui avait échoué sur la pointe méridionale de Pomona, l'avait laissée à terre, et de sa vie antérieure rien n'avait transpiré au-dehors que ce qu'elle avait jugé utile à ses intérêts. On la nommait Peregil, ce qui faisait soupçonner aux lettrés de Kirkwall qu'elle était d'origine espagnole. Au reste, son existence cosmopolite lui avait beaucoup appris, et les bonnes gens écoutaient avec bonheur ses récits merveilleux sur le comté de Cornouailles, sur la Bretagne française et les petits duchés de la confédération. La gypsy habitait ordinairement dans la lande, à quelques milles des grandes tourbières ; ses apparitions saccadées et toujours imprévues augmentaient la vénération de ses clients. Ce qu'il y a de certain pour nous dans cette véridique histoire, c'est que Peregil allait souvent dans les Shetland, et était connue de tout l'archipel. Fergus, le doyen des pêcheurs, l'avait rencontrée à Thurso, au-delà du détroit de Pentland, et l'avait prise à bord de son esquif. En un mot, la gypsy était entourée de toutes les

conditions requises pour tromper des esprits cré-
dules et naïfs.

Donald était bon catholique ; mais son enfance
avait été bercée au bruit des vagues et des légen-
des, également actives sur l'esprit des peuples du
Nord. Notre religion, ennemie naturelle du mensonge, parce qu'en elle tout est vérité, raison, évidence, n'a pu encore effacer des inclinations que
semblent favoriser le ciel brumeux et la mer houleuse, l'infini de toutes parts pour cette chétive et
sublime créature qu'on appelle l'homme. Aussi le
jeune réfractaire, qui aimait Dieu comme son unique souverain et son seul espoir, qui chérissait la
Vierge dans sa mère, croyait-il sincèrement aux
sortiléges de la gypsy.

— Il y a longtemps que nous n'avons vu Peregil,
dit la mère Kinnatel, pour aborder une question
dont son époux avait peu de souci.

— Elle est en cet instant aux *Armes de Bruce*,
où elle couchera sans doute, puisqu'elle était devant la porte de la taverne sans son bagage ordinaire.

— C'est une femme de bon conseil, et qui lit
dans l'avenir comme le recteur dans son bréviaire.
J'ai désiré plus d'une fois avoir son avis sur
Donald.

— Je n'en serais pas fâché, pour ma part...

— Sottises ! murmura le vieux pêcheur...

—Qui sait ? reprit Cora d'un air plein de rêverie. D'ailleurs, si cela n'est pas avantageux, en quoi cela peut-il être nuisible ?

— Pratiques du démon... Enfin tout ceci vous regarde, je m'en lave les mains. Donne-moi mes filets, que je rattrape les mailles.

Old-Ketty s'était levée ; un manteau à capuchon la couvrit bientôt tout entière, et elle glissa comme une ombre sous les auvents de Kirkwal jusqu'aux *Armes de Bruce*. La sorcière était assise, dans ce moment, devant une table boîteuse dans une salle enfumée dont l'obscurité était dissipée à grand'peine par les sombres lueurs d'une lampe qui allait s'éteignant.

— Bonsoir, Peregil, dit la femme de Kinnatel ; que Dieu vous ait en sa sainte garde.

La gypsy repoussa le verre de gin qui était devant elle.

— Ah ! c'est vous, Ketty, répondit-elle. Je vous attendais.

— Comment pouviez-vous m'attendre, puisque je ne sais que d'une heure votre arrivée près de nous ?

— L'esprit m'a dit : Un des croyants viendra, ne regagne pas aujourd'hui la tourbière. Mes serviteurs ne connaîtront le repos qu'au-delà des grands rivages.

La pauvre mère écoutait religieusement toutes ces impostures débitées avec l'assurance de l'inspiration.

— Il y a dans notre cabane, Peregil, une place

auprès du foyer, une chaise à la table commune, et nous ne regarderons pas à une *couronne*, si vous consentez à nous aider de vos prudents avis.

— Vous savez, Old-Ketty, que je suis toute vôtre. Jamais le secours de la fille de mon père ne vous a manqué dans les jours de malheur.

— Prenez donc votre maute et suivez-moi. Demain serait trop tard.

Elle se leva, la gypsy, et dans son œil brilla une joie sinistre qui eût épouvanté la pauvre mère si elle eût été moins naïve. Le vent soufflait avec violence, et il tombait une de ces averses froides et fines si communes sur le littoral. Les deux femmes pressèrent le pas, et ne firent aucune attention à l'ombre mystérieuse qui les suivit au sortir des *Armes de Bruce*.

Peregil fut bien reçue sous le toit de Kinnatel. C'était une femme de haute stature, aux traits un peu durs, flétris par la misère, amaigris dans cette vie vagabonde qu'elle traînait depuis vingt années au sein de la paresse. Des rides profondes creusaient son front et ses joues ; mais ses yeux avaient un éclat extraordinaire, soit qu'elle prît au sérieux son rôle de gypsy, soit que les libations de la soirée eussent animé son regard.

— Dieu vous soit en aide, Kinnatel, dit-elle en entrant, et à vous aussi, Donald, qui en avez plus besoin que tout autre.

Ces derniers mots firent courir un frisson dans les membres de Cora et de sa mère. Préparées comme elles l'étaient à d'étranges révélations, il n'en fallait pas tant pour les effrayer. L'Espagnole s'assit, et, servie par la jeune fille, donna au repas du soir une sérieuse attention.

— Voilà bien longtemps que je ne vous ai vu, Donald, reprit la sorcière ; un mois à peu près depuis que la chaloupe du *Montauk* a donné contre le récif. Vous habitez dans un nid d'aigle, et il n'est pas facile à une femme comme moi de gravir le Devil's-Hill (1).

Les trois interlocuteurs de Peregil se regardèrent avec terreur. L'asile du highlander était connu ; ne l'était-il que de la bohémienne ? entre ses mains le secret est-il sûr ?

— Ne me regardez pas ainsi, fils des Grim, rien n'échappe aux yeux de celle qui veille, et vous me trouverez plutôt la nuit dans une tempête qu'au grand soleil comme les crabes du rivage.

Le front du vieux contrebandier s'était couvert de nuages.

— D'ailleurs, continua la gypsy d'un air indifférent, votre secret est pour moi chose sacrée ; et quoique je connaisse la destinée de Donald, je n'ai et ne veux avoir aucun pouvoir sur lui. Donnez-moi à boire, Kinnatel ; j'ai fait aujourd'hui une longue route, ma bourse était vide et la charité bien froide.

____

(1) Colline du Diable.

Donald versa du genièvre à Peregil, qui continua :

— Un temps va venir où vous boirez dans un palais, et la bohémienne, de l'autre côté des mers, ne sera pas méprisée par vous. Que l'esprit soit avec les rois d'Écosse.

— Comment pouvons-nous, malheureux et proscrits, concevoir de si hautes espérances ?

— Le brin d'herbe de la montagne est souvent agité par les vents ennemis, et la nature, sa mère, n'a pas peur qu'il ne grandisse pas, parce qu'il y a une force cachée.

— La puissance infinie de Dieu, dit Cora levant des yeux pleins de foi et d'amour vers le Christ qui veillait sur la famille.

— Vous connaissez sans doute la position de notre fils vis-à-vis le roi d'Angleterre ?

— L'aiglon s'est révolté contre le vautour, et il habite dans les ténèbres comme l'oiseau des nuits ; mais il verra le jour et secouera ses ailes au soleil.

— Bientôt ? s'écria Old-Ketty.

La sorcière prit la main de Kinnatel Donald et l'examina avec une profonde attention.

— Plus tôt qu'il ne le pense.

Onze heures sonnèrent en cet instant au clocher de Saint-Patrick. Le hardi highlander se leva.

— Merci, Peregil, dit-il en secouant la main ridée de la bohémienne. Il se fait tard, et mon heure est venue.

Puis, ayant embrassé les deux femmes et causé quelque temps à voix basse avec son père, il reprit le chemin de sa retraite. Une ombre sembla se détacher du mur et le suivit à distance. La route de Kirkwall s'enfonçait au sortir de la ville dans un ravin profond ombragé çà et là de vieux bouleaux décimés par la tempête. Le bruit des pas s'étouffait au bruit des vagues lointaines et des bises d'hiver. L'Ecossais continua sa route en pleine sécurité. Derrière lui s'avançait un fantôme, un espion sans doute ; car il évitait avec soin les endroits du sentier que parfois éclairait la lune pour les laisser ensuite dans une obscurité profonde quand elle se noyait dans les nuages noirs.

Malgré toutes ces précautions, un instant vint où, dans le silence de la nature, l'oreille exercée de Donald saisit le vague frémissement de ses pas. Son œil de lynx plongea au milieu des ténèbres épaisses, et il acquit l'assurance que son secret, s'il n'était pas déjà trahi, se trouvait sur le point de l'être. Revenir sur sa route, écraser entre ses mains vigoureuses ou sous son noueux bâton de houx le voyageur importun, fut sa première pensée. Mais l'étranger pouvait n'être pas seul, et le highlander avait horreur du sang. Il se contenta de presser la marche, et quelques minutes après il disparut tout entier aux yeux de l'homme attaché à sa poursuite.

Comme c'est l'usage dans les comtés du nord

de l'Ecosse, un avis avait été publié dans les rues et carrefours des îles, promettant à qui livrerait le réfractaire quarante souverains à l'effigie du roi. C'était une belle récompense ; et pourtant, parmi tous les honnêtes Ecossais au cœur loyal, un seul s'était rencontré. Encore devons-nous le dire à la gloire de ces contrées, Philips était Anglais, étant né dans le Northumberland, de l'autre côté des monts Cheviot. De son passé nul ne savait rien. Il exerçait dans la ville une de ces professions équivoques qui, sans laisser tomber dans la misère, ne conduisent jamais à l'aisance. M. Philips était ostensiblement écrivain public. Il tenait les comptes des pêcheurs et faisait leur correspondance pendant les heures de la soirée. Le jour, si par extraordinaire on avait besoin de lui, il fallait le chercher dans les tavernes, qu'il ne quittait qu'à regret au moment du repas. Malgré cette vie obscure et dissolue, on ne pouvait refuser à Philips une grande habileté dans sa profession, et beaucoup de finesse dans l'esprit. Mais il faisait valoir au service du démon le *talent* que Dieu lui avait donné pour un meilleur usage.

N'était-ce pas chose séduisante que ces quarante souverains d'or neufs promis au nom du roi George ? tout cela sans fatigue et sans péril... rien qu'une petite trahison ? Encore maître Philips, qui était quelque peu clerc, ne voyait pas grand mal à livrer à l'Angleterre un sujet qui lui revenait de droit. Cet argument leva tous ses scrupules, et il en vint à se dire que c'était un service rendu à sa patrie. Dès lors la maison de Kinnatel fut pour lui l'objet d'une surveillance active ; il la couva d'un regard affectueux, d'un regard de quarante souverains d'or. Personne n'en sortit, nul n'y entra à l'insu de l'honnête écrivain. La nuit surtout lui était favorable. Obligé par état d'aller d'une cabane à l'autre, mieux que personne il savait les mystères de Kirkwall.

Toutefois sa vigilance avait toujours été en défaut, jusqu'au jour où l'imprudente Old-Ketty voulut interroger la bohémienne. Mais comme il profita de sa découverte ; comme il suivit les deux femmes jusqu'à la chaumière du contrebandier ; avec quel amour il colla son oreille sur la serrure, retenant sa respiration, le digne homme, et aussi les cris de joie qui brisaient sa poitrine à chaque révélation nouvelle. Donald était à lui.

Je vous laisse donc à deviner quel dut être son chagrin, sa douleur, en voyant s'évanouir les quarante souverains d'or dans la personne de l'Ecossais. Il continua sa course nocturne jusqu'en face du rocher du Diable ; mais il se dressait sombre et mystérieux, et quel pas humain eût pu le gravir ? Il tourna donc Kirkwall, le pauvre Philips ; cependant, arrivé sur la grève, l'air salé de la mer lui rendit quelques forces, et il se consola en songeant que c'était beaucoup pour un soir d'en être arrivé à d'aussi utiles découvertes. Satan lui ménageait encore un puissant axiliaire. Tandis qu'il revenait par la lande, une voix se fit entendre ; elle chantait sur ce rhythme lent et monotone particulier aux montagnards de tous les pays, la légende de Macbeth.

Nos jeunes lecteurs ne connaissent peut-être pas cette histoire sanglante du nord de l'Ecosse, illustrée par Shakespeare, l'un des plus grands poètes dramatiques de l'Angleterre. Comme ce nom revient souvent dans les régions de la littérature, ils l'apprendront avec plaisir.

Il régnait autrefois en Ecosse un roi nommé Duncan, qui avait deux fils, Malcolm et Donald-bane. Trop vieux pour repousser les fréquentes attaques des Danois, il ne pouvait se reposer sur ses fils, qui sortaient à peine de l'enfance. Il mit donc à la tête de ses troupes Macbeth, un vaillant guerrier, fils du thane de Glanis. Celui-ci s'adjoignit son cousin Banquo, et les barbares repoussés furent obligés de reprendre le chemin de leur *marche* (1).

Après cette victoire, les deux chefs regagnèrent la ville de Ferris, au comté de Sutherland. Chemin faisant, trois femmes, considérées comme devineresses, se présentèrent à eux.

— Salut, dit la première, au comte de Glanis.

La seconde reprit : Salut au thane de Cawdor.

— Roi d'Ecosse, je te salue, ajouta la troisième.

____

(1) Danemark signifie : marche ou pays des Danois.

A quelque temps de là, le premier souhait s'accomplit par la mort du père de Macbeth.

Le lendemain, celui-ci reçut le titre et l'investiture du comté de Cawdor, dont son prédécesseur était dépouillé en punition d'une révolte.

Restait la prédiction la plus importante. Macbeth se chargea de la conduire à sa fin. Sa femme, d'une perversité monstrueuse, ne lui laissait pas un instant de repos, et le meurtre de Duncan fut résolu.

Le vieux prince reçoit un jour une invitation au château. La fête fut longue et animée. Mais, harassé de fatigue, le roi d'Ecosse demande à se retirer sur le minuit. Le vent mugissait par rafales et le tonnerre grondait au loin. Deux gardes, suivant l'usage des temps antiques, devaient veiller dans la chambre du roi ; mais lady Macbeth leur avait versé de si copieuses libations qu'ils s'endormirent dans leur ivresse. Duncan fut étouffé pendant leur sommeil.

Lorsque le lendemain les thanes découvrirent le régicide qui avait été commis, le comte de Glanis et de Cawdor entra dans une grande fureur, et accusa du meurtre les deux soldats obscurs, qui furent mis à mort.

Dès ce jour le remords battit au cœur de l'assassin ; mais l'abîme invoque l'abîme. Une des sorcières de Ferris avait prédit à Banquo que ses descendants occuperaient un jour le trône. Macbeth résolut de se défaire du père et du fils, dont les cadavres furent trouvés quelques jours après dans une mare de sang, au milieu de la forêt voisine.

Depuis la mort du comte de Lochaber et de son enfant, de funestes visions assiégeaient le sommeil du prince barbare. Il craignait la vengeance d'Edouard-le-Confesseur, roi d'Angleterre. Les trois vieilles femmes furent mandées à la cour, et, dans un entretien secret, déclarèrent au meurtrier qu'il règnerait tant que la forêt de Birnam ne prendrait pas son castel d'assaut. L'extravagance de cette prophétie lui ôta sa confiance en elles sans rassurer son cœur.

Il résolut de fortifier le manoir de Dunsinan. Le ban et l'arrière-ban de ses vassaux furent convoqués, et tous les comtes du royaume durent envoyer des chevaux, des chars et des bœufs pour les faire travailler aux tranchées et aux terrassements.

Or, il y avait un seigneur nommé Macduff, grand homme de bien et vaillant homme de guerre, aussi cher à ses paysans qu'à ses compagnons d'armes.

Un jour que Macbeth présidait lui-même aux travaux, il aperçut deux génisses d'une grande maigreur et succombant presque à la fatigue.

— A qui appartiennent ces animaux? dit-il.

— A Macduff.

— Par mon trône d'Ecosse, je poserai moi-même le joug sur les épaules du vassal insolent, et ma main guidera la charrue.

Le comte effrayé s'enfuit vers sa demeure de Kennoway, dans ses terres de Fife, et son ennemi, acharné à sa poursuite, arriva pour voir le pont-levis se lever entre eux. Le roi résolut de faire le siége du manoir. Mais tandis qu'il se préparait à faire au son du cor les sommations ordinaires, lady Macduff parut sur les remparts.

— Prince, s'écria-t-elle, regardez du côté de l'Océan.

Macbeth se tourna vers la mer, et aperçut au loin glissant rapidement sur les flots une blanche voile qui fuyait du côté de l'Angleterre. Macduff lui échappait.

Un mois plus tard, du haut des donjons de la résidence royale, la sentinelle découvrit une forêt immense qui semblait s'avancer vers Dunsinan. Ce ne pouvait être le vent qui l'agitait ainsi : l'air était calme, pas une brise ne courait dans l'atmosphère. Et la forêt marchait toujours. Bientôt les soldats qui portaient ces arbres les jetèrent en fascines devant le sombre et criminel château. L'heure du Seigneur était venue. Edouard, cédant aux instances du comte de Fife, ému par la jeunesse et les larmes de Malcolm et de Donald, leur avait accordé une armée nombreuse. Malgré les prodiges de valeur de l'usurpateur du trône d'Ecosse, les portes de Dunsinan furent enfoncées, la garnison délaissa Macbeth au dernier jour ; il périt avec sa femme de la main de Macduff ; son manoir fut rasé, et de cette éphémère dynastie, rien ne resta que la sombre image du crime.

Ceci se passait l'an 1056. Vous ne sauriez croire quelle impression profonde laissa dans la Calédonie cette tyrannie sanglante de dix-sept ans. Tous les bardes la maudirent dans leurs chants, et jusqu'à nos jours elle a gardé son lugubre aspect.

Aussi une vague terreur s'empara-t-elle de Philips, en entendant à cette heure de la nuit, sous un ciel grisâtre et sans étoiles, la voix qui évoquait ces sinistres souvenirs. La lande était déserte, et vainement cherchait-il du regard à sonder l'obscurité. Les accents s'approchaient de plus en plus : mais ses yeux ne découvrirent à droite que la grève déjà lointaine ; à gauche, le rocher menaçant ; devant lui, la bruyère aux tiges rabougries. Comme il regrettait en cet instant la taverne des *Armes de Bruce*. De quelle haine il maudissait les quarante souverains d'or ! Il voulut se donner du courage, et murmura d'une voix chevrotante la première strophe du chant national : *Rule, Britannia*. Mais on ne lui laissa pas le temps de l'achever.

— Voici l'heure des enfants du démon, cria une voix éraillée, et le temps des artisans des males œuvres.

Malgré cette brusque apostrophe, l'Anglais se sentit rassuré.

— Ah ! c'est vous, Peregil, répondit-il. Que Dieu vous garde !

— Dieu n'a que faire de moi, blasphéma la sorcière ; et quant à vous, maître écrivain, ce n'est pas le chemin du ciel que vous cherchez à minuit dans la lande.

Il se sentit frissonner, l'homme aux pensées coupables, et ajouta en tremblant :

— Je me suis égaré en sortant du sentier creux ; le brouillard est si humide et le ciel est si noir !

— Eh ! que faisiez-vous si tard au sentier creux ? demande la vieille en jetant dans l'espace un éclat de rire strident.

— J'allais chez le pêcheur Trimus qui fait partir demain un bateau chargé pour le Sutherland.

— Bien trouvé, Philips, éclata la sorcière ; Trimus reste à gauche de Kirkwall, et vous voici bientôt à trois milles de sa chaumière. Tenez, croyez-en Peregil, quarante souverains d'or sont bons à gagner, et, comme vous êtes homme de sens, vous avez jugé que cela valait bien les rouges farthings que vous recevez chaque soir.

L'Anglais ne répondit pas ; il n'avait jamais eu en la bohémienne une pleine confiance ; il commençait à croire aux contes grossiers que l'on faisait sur elle, en voyant ses projets devinés l'un après l'autre.

— Pour cela, continua-t-elle en rejetant le chaperon de sa mante, vous m'avez discrètement suivie ce soir chez les Kinnatel, vous avez vu sortir Donald, et vous vous êtes dit : Il est à moi ! Vous vous êtes attaché à ses pas, et comme sa marche est près d'un tiers plus que la vôtre, le digne garçon vous a échappé devant Devil's-Hill.

Philips était confondu.

— Je ne vous en veux pas au moins ; la bohémienne ne saurait haïr les honnêtes gens qui pratiquent le mal. Si je voulais, maître écrivain, demain votre corps servirait de pâture aux poissons de la côte, et personne, soyez-en certain, ne s'en mettrait en peine.

L'Anglais effrayé se demanda s'il ne ferait pas bien d'imposer à tout jamais silence à la vieille sorcière qui pouvait le vendre ou le livrer à la vengeance du clan de Kinnatel. Nous devons dire à sa louange que cette idée passa rapide comme la lueur d'un éclair. Ce ne fut pas toutefois la répugnance d'un cœur à qui il reste encore un vestige d'honnêteté ; non, depuis longtemps Philips en avait fini avec les sentiments humains. Mais son œil venait d'apercevoir à côté de l'Espagnole briller comme deux escarboucles les yeux de l'énorme chien noir dont elle était accompagnée la nuit.

— Je veux vous être utile, reprit-elle ; venez avec moi jusqu'à la maison de la Tourbière, et vous aurez de bons avis.

En disant ces mots, Peregil pressa le pas et fut suivie de l'écrivain, derrière lequel grondait le gardien hargneux de sa compagne.

On eut atteint bientôt le misérable chaume qui servait d'asile à la vagabonde Espagnole. Il était

situé dans une solitude affreuse, au milieu des
lacs et des genêts qui couvrent cette partie de Pomona. Ses murs de torchis, lézardés en plusieurs
endroits, laissaient passer la bise au travers, et la
toiture, endommagée par les pluies, était béante
de tous côtés. Rien n'annonçait une cabane habi-
tée ; il fallut, pour arriver jusqu'à la porte, fouler
aux pieds les herbes étiques qui croissaient librement à l'entour.

Philips pensa de nouveau au bouge de la taverne des *Armes de Bruce.*

Sa compagne tira une petite corde extérieure et
la porte s'ouvrit. Peregil jeta dans l'âtre une poi-
gnée de feuilles sèches et de bois mort, ramassés
dans la haute bruyère durant ce que les montagnards des Orcades appellent la belle saison. Elle
souffla sur deux charbons à demi éteints, et bientôt la flamme s'élança joyeuse au triste foyer. Alors
apparut dans toute sa nudité l'antre de la sorcière.
Des murs noircis par la fumée, deux escabelles boî-
teuses, une table vermoulue et un coffre neuf qui
semblait contraster avec le reste de l'ameublement,
voilà ce qui s'offrit à la vue de l'Anglais aussi effrayé que surpris.

Peregil avait tiré de dessous sa mante une bouteille de gin (1), don des Kinnatel ; elle tendit à
Philips un gobelet de terre cuite et lui versa une
rasade :

____

(1) Espèce d'eau-de-vie.

— Buvez cela, maître, lui dit-elle ; il fait froid, cela vous réchauffera ; vous avez peur, ceci vous donnera du courage.

— Peur !

— Un peu ; il n'est pas agréable de se trouver à minuit, seul avec elle, sous le toit de la sorcière des landes.

— Bah ! fit l'écrivain en s'enhardissant. Vous n'êtes pas méchante ; et puis ce qui est bon pour nos stupides highlanders ne vaut rien pour moi.

Et il but jusqu'à la dernière goutte. L'Espagnole prit la coupe à son tour et la vida.

— Maintenant, dit-elle, parlons affaire ; car vous ne pensez pas, monsieur Philips, que je vous aie amené si loin pour boire du genièvre et vous geler devant ce maigre feu. Vos projets me sont connus, je vous l'ai dit, et leur exécution en est difficile. Je vous veux beaucoup de bien, Philips, et je vous aiderai.

Un sourire diabolique passa sur les lèvres de la mégère, rendue plus effrayante encore par la sombre lueur que le foyer avare jetait dans la masure.

— Comme toute peine mérite salaire, vous me donnerez vingt-cinq souverains d'or et vous garderez le reste.

— Vingt-cinq souverains d'or ! et ce sera pour une misérable somme que j'aurai livré Donald ? jamais.

— Vous le ferez, répondit tranquillement la fille

de Bohême ; quinze souverains sont encore un assez joli denier. D'ailleurs, j'ai un excellent moyen pour vous y contraindre, monsieur Philips. On n'a qu'à raconter demain à Kinnatel ce que vous avez voulu faire, et...

L'Anglais était pris dans un piége. Il chercha vainement à se défendre, le marché fut conclu.

Le jour commençait à blanchir la cime des bruyères, quand le digne complice de l'Espagnole rentra mystérieusement à Kirkwall.

CHAPITRE II.

C'est un majestueux spectacle que celui de l'Océan à l'heure du crépuscule. Les vapeurs qui s'élèvent de la plaine liquide, mollement éclairées par les dernières lueurs du soleil couchant et balancées par la brise, offrent un magnifique tableau. Le silence de la nuit semble peser de toute sa puissance sur la grande voix de la mer ; vous diriez la respiration du géant qui s'endort. Pareil était son aspect le soir du jour où un marché infâme avait été conclu entre l'Espagnole et l'Anglais. Nos lecteurs se souviennent sans doute qu'à dix heures de la nuit le lougre de Malcolm devait entrer dans les eaux de Kirkwall et faire passer ses marchandises à bord de la barque des Kinnatel.

Couché à plat ventre sur le gazon de sa mystérieuse retraite, Donald étudiait le silence, et ses yeux cherchaient à percer l'obscurité de la plage lointaine. Le vent soufflait du nord et devait puissamment favoriser la marche du contrebandier. Cependant aucun bruit de sillage ne se faisait entendre encore, et les yeux perçants du jeune homme n'apercevaient rien ni sur la mer ni vers les côtes. Toute la journée avait été employée à radouber le bateau, à le mettre en même de prendre le large et de tenir la haute mer, si houleuse qu'elle pût être.

Sept heures venaient de sonner à l'horloge de la ville, et les sons contrariés par le vent s'étaient éteints avant d'arriver jusqu'à la caverne. Le highlander attendait son père. Bientôt sur les marches creusées par le roc retentit le bruit de gros souliers ferrés, et une voix bien connue prononça ces mots : *Grim et Fergus*, à quoi le réfractaire répondit : *Donald et Cora*, mot d'ordre touchant qui rappelait à la fois les chefs puissants de la famille et leurs derniers descendants déshérités. Kinnatel tendit la main à son fils.

— A l'œuvre, dit-il, nous n'avons plus qu'une heure pour descendre. Certes voici un temps merveilleux ; pas une étoile au ciel, la mer est un peu grosse, et la défiance doit dormir au cœur des garde-côtes.

Les deux hommes attachèrent le câble à un anneau de fer scellé dans le mur, le firent passer sur une poulie préparée par Donald, et suspendirent la barque à l'autre bout. Puis, avec des efforts inouïs, ils la firent glisser le long du rocher jusqu'à ce qu'elle se balançât dans l'espace. Lâchant alors la corde par un mouvement insensible, ils eurent au bout de quelques instants la joie de l'entendre frapper la grève. Les voiles et le reste du gréement prenaient la même route, et bientôt il ne resta plus sur la plate-forme hardie que le père et le fils. Ils descendirent à leur tour. Le mât fut dressé, on hissa les voiles, et bientôt, à l'aide de deux leviers de fer, la frêle embarcation fut mise à flot.

Les deux marins tombèrent à genoux, et je ne sais si prière plus ardente s'échappa jamais du cœur de deux hommes allant pourtant à une expédition criminelle. Nous n'avons pas à analyser ici cette opposition étrange. La piété dominait dans le caractère des rejetons des rois d'Ecosse. Peut-être l'habitude de ne voir jamais autour d'eux que des contrebandiers, avait-elle émoussé en eux le sentiment de la probité native. Quoi qu'il en soit, leur oraison fut longue et fervente comme à l'approche d'un danger que l'on redoute et qu'il faut affronter. Le père était soucieux, Donald en mettant le pied dans le bateau poussa un profond soupir. Pensait-il à la vieille Old-Ketty, à sa sœur Cora ? Pourquoi ce regard plein de larmes, qui de la grève monte jusqu'à la grotte obscure ?

De funestes pressentiments avaient traversé son esprit, et, chez les populations superstitieuses, rien n'est tyrannique comme un pressentiment.

C'était un soir de novembre ; les vagues, semblables à des montagnes, venaient en longs sillons se briser au rivage avec un bruit pareil à celui du tonnerre. La neige est la pluie, tombant par intervalles, se mêlaient au ressac de l'Océan, et tourbillonnaient dans les airs comme des flocons d'écume. De grandes masses de nuages s'entrechoquant dans l'obscurité, la lune aux rayons pâles et humides luttant contre l'envahissement des ténèbres, et promenant sur les sables blanchis ses lugubres rayons, tel est le tableau qu'offrait alors la mer dans la baie des Orcades.

Cependant la barque volait sur la cime écumante des lames. Kinnatel et Donald gardaient le plus profond silence, quoique leur voix n'eût pu guère être entendue dans les rumeurs de la nature. Ils avaient fait près d'une lieue sur l'Océan, et rien ne leur était apparu.

— Pourvu que nous ne soyons pas ce soir encore trompés dans notre attente, murmura le vieux mineur.

Comme il disait ces mots, un son de trompe des montagnes retentit et domina la voix de la tempête.

— Malcolm ! s'écria Donald ; il n'est pas à cent brasses de nous.

On redouble d'énergie, l'embarcation touche à peine les flots. Quelques minutes encore, elle entre dans les sillage du navire, et les deux marins s'élancent sur le pont. Tandis que vingt bras trans-

portent les marchandises, le commandant du lougre offre un verre de rhum à ses associés, et fait
ses comptes avec eux ; puis ils retournent à leur bord
et reprennent le chemin de Devil's-Hill. Là n'était
pas le moindre danger. Vigoureusement conduite,
la barque eut bientôt franchi la distance malgré la
houle de l'Océan. Mais tout-à-coup un cri rauque
s'échappa de la poitrine de Kinnatel.

— La goëlette du roi ! s'écria-t-il.

Le fanal suspendu au mât jetait une vive lueur
sur les flots, et le navire des douaniers étendait
ses deux ailes blanches d'une immense envergure.
Il allait louvoyant çà et là, à droite, à gauche,
avançant toujours et gagnant du terrain, sans s'é-
carter de l'anse où devaient se réfugier les deux
contrebandiers.

— La goëlette du roi ! reprit Donald ; nous sommes perdus !

— Si nous retournions en pleine mer ?

— Elle nous donnera la chasse ; et comment lui
échapper !

— Essayons.

Le vieux mineur appuya sur l'aviron et s'éloi-
gna ; mais le vaisseau royal avait la marche rapide,
et craignait moins par son poids la colère de l'Océan
et l'inconstance des lames. La barque de Kinnatel
fut hêlée trois fois par le capitaine de la douane ;
rien ne fut entendu que le grondement des vagues.
Un coup de fusil partit dans l'obscurité, dix y ré-
pondirent. Des voix rauques, des cris aigus, des

jurements et des blasphèmes se mêlent alors au mugissement de la tempête ; puis tout-à-coup une plainte déchirante partie de l'embarcation des contrebandiers. Un hurlement de rage s'échappe de la poitrine du père de Donald : le jeune highlander venait de recevoir une grave blessure, et à la lueur de la lune pâle qui se dégagea un instant des nuages, des flots de sang apparurent aux yeux de Kinnatel éperdu. Il était debout, terrible, une hache à la main, prêt à donner mille morts, ou à succomber à côté de son fils. Mais le rayon qui un instant avait éclairé les flots suffit aussi pour signaler à l'officier la place précise que la barque occupait. En trois bonds la goëlette en touche le bord.

— Ils sont à nous ! s'écrie-t-on de toutes parts.

Le vieux descendant des Grim, emporté par un funeste sentiment de vengeance, décharge son arme à bout portant, et se laisse glisser dans les eaux.

CHAPITRE III.

Cependant, au fond d'une chaumière de Kirkwall, deux femmes étaient à genoux, et leur prière était ardente ; la lampe brûlait suspendue au manteau de la cheminée, tremblant de temps à autre aux rafales du vent, comme si elle eût été prête à s'éteindre. Le feu languissait dans l'âtre, oublieuses qu'elles étaient de lui donner quelque maigre aliment.

— Quel temps affreux, Cora !

La jeune fille entr'ouvrit la porte de la rue, la pâle lumière s'éteignit.

— Le vent, la neige, la pluie, tous les éléments déchaînés, murmura Old-Ketty. Oh ! mon Dieu, mon Dieu, qu'arrivera-t-il de nous ?

— Peut-être vaut-il mieux qu'il en soit ainsi, mère ; les douaniers n'affrontent guère la tempête, et l'ouragan le plus terrible m'inspire moins de crainte qu'un douanier.

— Puisse-t-il en être ainsi, ma fille. Mais il me semble que Kinnatel tarde bien à revenir.

— Il aura peut-être fallu attendre le lougre, et par une mer comme celle-ci, la manœuvre est bien difficile.

Cependant Cora avait rallumé sa lampe et jeté au foyer quelques branches de genêt. La flamme s'éleva joyeuse dans un tourbillon de fumée.

La jeune fille tira de son armoire un Evangile précieusement conservé, Ketty se mit en soupirant à son rouet. Or, il faut que vous sachiez qu'au milieu des presbytériens qui infectaient l'Ecosse, la pauvre famille avait gardé pures les croyances catholiques. Da là peut-être venait aussi la déconsidération dont elle était entourée. Cora lut quelques pages du livre divin ; mais quoi qu'elle pût faire, sa voix était chevrotante et ses yeux pleins de larmes. La vieille femme de Kinnatel avait d'abord prêté une oreille attentive ; mais des rives du lac de Génézareth son esprit était venu lentement sur les bords de la mer des Orcades.

Tout-à-coup elle se leva ; un bruit de pas précipités se faisait entendre du côté du sentier creux.

— C'est lui, s'écria-t-elle.

— Dieu soit béni, ajouta la jeune fille ; il ne leur sera donc arrivé aucun malheur.

La porte vola sous une violente secousse. Le contrebandier s'élance dans la cabane. Ses vêtements étaient tout imprégnés de l'eau de la mer, ses cheveux gris ruisselaient, et ses yeux égarés semblaient avoir perdu le sentiment de l'existence. Il se laissa tomber dans l'antique fauteuil, et murmura d'une voix étranglée :

— Tout est perdu !

— Donald ?

— Douaniers de l'enfer ! ils m'ont tué mon fils. Il est mort le descendant des Grim, en se battant comme un jeune lion. Qu'ils viennent... eh bien ! je les suivrai.

Il eût pu parler longtemps encore ; Old-Ketty et Cora ne l'entendaient plus, elles avaient cédé à leur douleur et gisaient évanouies. Le bruit de voix nombreuses, le cliquetis des armes retentissant sur le seuil de pierre, rappela leurs esprits.

— Ah ! c'est toi, Kinnatel, dit en entrant l'officier du roi, qui depuis six mois entiers tiens ainsi en échec la douane du comté d'Orkney. Eh ! certes, je ne t'en veux pas, et je désire que le shériff (1) te soit aussi clément que John Paddy. Nous avons eu soin de ton fils, Kinnatel Grim, qui a reçu à l'épaule une blessure peu dangereuse...

— Il n'est pas mort ! s'écria Old-Ketty.

— Non, la mère.

Peu s'en fallut qu'elle n'embrassât les pieds de cet homme pour la bonne nouvelle qu'il lui annonçait.

— Quoiqu'il n'en vaille guère mieux ; car il en a terriblement sur son compte. Réfractaire, contrebandier, meurtrier d'un des sujets fidèles de Sa Majesté Britannique, il n'y va pas de main morte, Donald.

— Meurtrier, murmura Cora.

— Oui, et s'il n'y a pas un homme à la mer, ce n'est pas sa faute. Mais la blessure de Bob est légère, et le fils de mon père n'a pas la langue assez longue pour charger un compatriote d'une faute qu'il n'a commise qu'à son corps défendant.

— Oh ! merci, dit la vieille mère d'une voix ardente.

— Ne me remerciez pas, Old Ketty ; je suis payé pour faire mon devoir, et je le fais. Je ne dois rien de plus à ceux qui m'emploient. Mais voici qu'il se fait tard. Kinnatel, il faut nous suivre ; et vous, femmes, vous feriez bien de remettre à l'un de mes hommes une couchette pour Donald, le digne garçon. Par ce temps enragé, il ne fait pas bon à New-

____

(1) Officier municipal.

Temple (1), surtout quand la blessure n'est pas encore pansée.

Le vieux mineur tendit la main au douanier.

— Bon, bon, dit celui-ci, mon vieux loup de mer. Espérons que tout ira pour le mieux dans le meilleur des mondes possible.

Cora s'était approchée du capitaine.

— Est-ce que je ne pourrais pas, dit-elle, être admise auprès de mon frère pour avoir soin de lui ?

— Mon enfant, si cela regardait John Paddy, je me hâterais de vous accorder votre demande ; mais ceci est l'affaire du shériff ; du reste, le docteur Davis est à côté de Donald.

Kinnatel embrassa les deux femmes éplorées, et partit escorté des soldats de la douane.

C'étaient en effet de graves accusations que celles qui pesaient sur la tête de Donald. Comme l'avait dit l'honnête capitaine, il ne valait guère mieux qu'un homme mort. Le prince de Galles, qui gouvernait à la place de Georges III, son père, atteint d'aliénation mentale, suivait les errements de la reine Anne. L'Ecosse souvent soumise, toujours rebelle, conservait dans toute leur vigueur les sentiments patriotiques qu'elle n'avait jamais cessé d'opposer à l'invasion. Aussi le gouvernement anglais déployait-il une rigueur qui ne laissait que peu d'espoir à Donald et à son père, à Do-

(1) Prison à Kirkwall.

nald surtout, dont le refus de servir devait être
puni de mort.

Le lendemain des événements que nous avons
racontés dans notre dernièr chapitre, il était couché dans sa prison, une prison froide et lugubre,
éclairée seulement d'eu haut par un œil de bœuf
croisé de deux barreaux de fer. La fièvre le dévo-
rait, son visage était en feu, et pour se désaltérer
on ne lui avait laissé qu'une cruche d'eau et une
tasse d'argile dans laquelle il exprimait, quand il
voulait boire, le suc d'un citron chèrement acheté
par sa mère. Blessé à l'épaule gauche, il ne pouvait s'appuyer que d'un côté, et chaque mouvement lui causait d'affreuses douleurs. Que de tristes réflexions avaient traversé son insomnie! Ce
n'était plus le hardi aventurier que nous avons
vu brave devant tous les périls. L'arbre vigoureux
était courbé par la première tempête, et son cœur,
presque désespéré, n'avait pas même la force d'aller jusqu'à Dieu.

Dans une petite ville de deux mille âmes, comme
Kirkwall, la prise du jeune insoumis et de son père
devait être, vous le pensez bien, un grand événement. Aussi, dès le matin, la place du marché
sur laquelle s'ouvre la porte de New-Temple était-
elle littéralement envahie par la foule. Des sentiments de sympathie éclatent de tous côtés en faveur
des captifs, et, malgré les allées et les venues des
agents de l'Angleterre, se manifestent d'une manière peu douteuse. Les pêcheurs, surpris par cette

nouvelle à leur réveil, se sont réunis dans les tavernes, qui aux *Armes de Bruce*, qui à l'auberge de la *Marine*, et ailleurs.

Que si nous entrons dans le premier de ces bouges, nous nous trouvons en société connue. Maître Philips est assis à une table et boit de la *bière forte* avec sept ou huit hommes de mer qui blâment hautement la sévérité des Anglais envers de pauvres gens libres naguère, et qui n'ont aucun intérêt à servir les haines du régent contre l'empereur des Français, dont ils ne savent que les noms.

— Voilà, dit-on, les taxes d'un côté, le service de l'autre ; nous laissons dans la misère nos femmes et nos sœurs, et quand on revient, si l'on revient jamais, on trouve ses parents sous la terre ou dans la rue, des étrangers occupent vos cabanes, parce que des femmes n'ont pu gagner assez pour payer l'impôt.

Une femme peut-elle aller à la pêche sur l'Océan, au milieu des trente îles qui forment le comté d'Orkney ? reprend l'un.

— Ou travailler dans les entrailles de la terre pour arracher et laminer le fer ? demande l'autre. N'est-ce déjà pas bien assez qu'elles aillent aux tourbières ?

— Kinnatel a été chassé des mines parce que son fils s'était soustrait à la levée ; il s'est fait contrebandier, il a bien agi.

Un murmure désapprobateur s'éleva des deux côtés de la table ; M. Philips avait mal pris son temps. Le seul titre d'Anglais suffisait à cette heure pour encourir la haine des habitants de Kirkwall. Des regards provocateurs défièrent l'écrivain public.

— Avec cela, **reprit un jeune homme de haute** taille et d'une physionomie ouverte, qu'on ne peut se réunir trois braves Ecossais sans avoir un quatrième pour espion d'Angleterre.

Philips vida d'un trait son verre et ne répondit point. L'enfant de la Calédonie continua :

— Tout n'est pas clair dans l'affaire ; comment se fait-il que la goëlette de John Paddy soit venue juste se placer à la crique de Devil's-Hill ? Est-ce qu'un chrétien eût jamais deviné seul qu'un autre chrétien pût s'y retirer ?

Tous les buveurs furent du même avis.

— Bien dit, Wallace, répétèrent-ils en chœur.

— Aussi vrai que je suis le fiancé de Cora, et que je travaillerai jour et nuit pour les soutenir toutes les deux jusqu'à mon mariage, pendant la captivité des Kinnatel, les quarante souverains d'or à l'effigie du roi ont plus fait que toute l'habileté des gens de la douane.

— Vous croyez qu'il se serait trouvé parmi nous quelqu'un de capable d'une si mauvaise action ? hasarda l'Anglais.

— Qui insulte l'Ecosse ici ? cria Wallace. La trahison ne pousse pas sur notre terre ; elle est trop maigre. Mais elle est encore assez grasse pour recevoir et nourrir des gens chassés de leur pays, venant l'on ne sait d'où, ayant fait on ne sait quoi.

Comme il disait ces mots, une femme de haute taille, pliée dans un épais tartan pour se défendre de l'humidité du matin, se présenta à la porte de la salle.

— Wallace, dit-elle, votre mère est au cottage, nous avons à vous parler.

— Me voici, Old-Ketty.

Toutes les têtes se découvrirent en silence par respect pour cette grande douleur.

— Me voici, et j'attendais l'arrivée de ma mère pour aller vous trouver, parce qu'il ne faut pas qu'un jeune homme seul offre ses avis à d'aussi grandes misères. Nous nous reverrons, maître Philips, et, quoique je sois aussi bon catholique romain que vous êtes presbytérien pendable, tâchez d'éviter cette rencontre ; cela vaudra mieux pour mon âme et aussi pour votre corps

Il sortit ; l'écrivain public, mis, pour ainsi dire, au ban de la société dans laquelle il se trouvait, s'échappa à la dérobée.

Or il y avait dans la cabane du contrebandier cinq personnes réunies ; trois nous sont connues : Old-Ketty, Cora et Wallace, le fiancé de Cora. La quatrième est une Ecossaise n'offrant rien de particulier au type de cette nation. C'est la mère du jeune homme. Un cinquième personnage se tient debout appuyé au manteau de la haute cheminée de pierre. Il a le nom de Mac-Grégor, et porte l'habit ecclésiastique suivant le rit écossais. Un large chapeau de feutre couvre son front, mais trop peu pour ne pas laisser à découvert deux yeux dont le martyre et la foi semblent avoir allumé les regards ; ses joues sont creuses et légèrement ridées ; ses lèvres, longtemps tourmentées par la souffrance, gardent un sourire qui n'a plus rien de l'homme, et la barbe blanche qui descend sur sa poitrine imprime je ne sais quel respect qui tient de l'amour et de la vénération. Un pantalon noir, une tunique de la même couleur et de gros souliers ferrés complètent le costume de Mac-Grégor (1).

Il est des destinées aventureuses, étranges, que ne maîtrisera pas la volonté la plus ferme, dans lesquelles Dieu, pour ses desseins les plus secrets, semble se jouer de ses élus, soit qu'il les éprouve pour eux-mêmes, soit qu'il les conduise par la main dans la voie mystérieuse de sa providence. Telle avait été celle du prêtre écossais. Issu d'une des plus nobles familles des provinces du Nord, il avait sacrifié sur l'autel du Christ ses espérances mondaines, et embrassé l'apostolat dans ces temps orageux où la persécution s'étendait sur les trois royaumes. Sa famille, il l'avait vue dispersée, proscrite, le château de ses ancêtres avait été livré aux flammes, il n'avait mené lui-même qu'une vie précaire, errante, exposée à toutes les persécutions que les *saints* (2) d'Ecosse exerçaient alors contre ceux qu'ils appelaient les papistes. Mais dans les

---

(1) Mac répond en Ecosse à la particule nobiliaire *de.*
(2) Nom que prenaient les presbytériens.

vingt-six îles habitées des Orcades, il n'était pas de chaumière où ne fût connu le nom de Mac-Grégor. Toutes l'avaient vu passer, l'aumône à la main ou la consolation à la bouche. Tandis que les ministres du culte impie, inauguré par l'infâme Henri VIII, et régénéré dans le sang par Cromwell le brasseur, allaient, suivis de farouches soldats, imposer à des populations naïves l'apostasie et la servitude, le vénérable pasteur, appuyé sur un long bâton de houx, son bréviaire sous le bras, une besace sur l'épaule, se glissait dans la cabane à la faveur des ombres de la nuit, fortifiant les faibles, applaudissant aux forts, les bénissant tous. Tantôt c'est un enfant nouveau-né qui attend le baptême, tantôt un pauvre moribond qui monte vers le Seigneur sur les ailes de la foi. Mac-Grégor est partout pour ouvrir comme pour fermer les portes de la vie. Le ciel lui réserve de plus grandes épreuves. Le pasteur est tout-à-coup arraché à son troupeau, et jeté dans les prisons de Wich (1), où il reste jusqu'à l'édit qui accorde aux catholiques l'égalité des droits, comme les autres citoyens anglais.

Trois mois à peine s'étaient écoulés depuis son retour. En apprenant le malheur qui vient de fondre sur la famille de Kinnatel, le vieillard s'est hâté de lui apporter sa sympathie chrétienne.

— Que faire, Seigneur, disait la pauvre Old-

____

(1) Wick, chef-lieu du comté de Caithness, le plus septentrional de l'Ecosse.

Ketty tout en larmes. Le père et le fils à la fois.

Elle attendait que de la bouche de Mac-Grégor sortît un avis salutaire, car c'était un homme sage et prudent; et Mac-Grégor se taisait. Qu'avait-il à dire devant cette douleur si navrante et si vraie? En vain se demandait-il s'il restait aux hommes un moyen de sauver la vie de Donald. Il tournait dans un cercle de fer dont le centre inévitable est la mort.

— Je ne vois rien, murmura-t-il, rien que la clémence du roi, et le roi est bien loin

— Père, vous croyez qu'il lui pardonnerait?

— J'ai entendu dire que Georges est bon; mais il y a soixante-cinq lieues d'ici à Edimbourg, et cent soixante d'Edimbourg à Londres. Il n'y faut pas songer. Le mieux, mes enfants, c'est de recommander cette affaire à Dieu, et de le prier de donner aux malheureux captifs du courage et de la résignation.

—Deux cent vingt-cinq lieues, murmura Cora.

— Oui, ma fille, et cette longue route à travers des pays inconnus, hérissée de montagnes, coupés de grandes rivières. Il faudrait pour ce voyage des sommes que ni vous ni moi ne posséderons jamais, mère Kinnatel; dans d'autres temps... mais Dieu m'avait donné ces biens, il me les a enlevés; que son saint nom soit béni. Nous avons encore un grand mois avant le passage du juge; attendons. Pour moi, je me rends chez le shériff, et je solliciterai la permission de les voir. S'il me l'accorde, vous aurez ce soir de leurs nouvelles.

C'était un méchant homme que ce shériff, voué corps et âme au gouvernement anglais, ami des presbytériens jusqu'au délire, ne laissant jamais échapper aucune occasion de nuire aux catholiques romains, persuadé qu'il faisait sa cour au juge du comté et par lui au gouverneur. Le shériff était ambitieux.

— Vous aurez grand'peine à rien obtenir de ce loup cervier, dit Wallace. Les *saints* ont seuls accès auprès de lui.

— Dieu nous aidera.

— Que Dieu nous soit en aide, répétèrent les trois femmes et le jeune homme, et ils se signèrent.

Celui-ci prit son chapeau et accompagna Mac-Grégor dans la rue.

— Père, lui dit-il, je voudrais vous demander un avis. Je sais un moyen sûr d'arracher Kinnatel et Donald des griffes du justicier.

— Parle, mon fils, et si ton expédient s'accorde avec la religion et mes devoirs, je t'aiderai de ma faible puissance.

Maître Philips remontait en ce moment la rue.

— Il ne fait pas bon partout, ajouta Wallace; les rues de Kirkwall, qui ont des oreilles la nuit, pourraient bien n'en pas manquer le jour. Mais si vous voulez descendre sur la plage là-bas, nous serons seuls; c'est l'heure du repas du matin pour les pêcheurs, et nous pourrons causer sans crainte d'être entendus.

Ils pressèrent le pas. Le temps était humide, et la mer tourmentée la veille semblait jeter sur la grève les derniers flots de sa colère. Le ciel était sombre, une épaisse rosée tombait des brouillards répandus dans l'atmosphère; pas une mouette ne rasait les eaux, et le cri seul du goëland se faisait entendre perçant et lugubre.

— Eh bien! Wallace, dit Mac-Grégor avec un triste sourire, nous voici, je crois, sûrs de notre secret.

Le jeune montagnard se tourna de tous côtés. La plage était déserte, rien ne se montrait sur la tourbière. Il parut rassuré.

— Donald et son père, dit-il, ont été livrés par ce damné Anglais, Philips, l'écrivain public.

— Etes-vous bien sûr de ce que vous dites?

— Si certain que, si vous étiez en cet instant chez le shériff, vous l'y rencontreriez recevant quarante souverains d'or pour prix de sa trahison.

— C'est infâme.

— Non, Mac-Grégor. Si un pauvre diable comme moi, ou l'un de mes amis du comté, se fût avisé d'une semblable perfidie, il eût été traité selon ses mérites. On aurait profité de la capture, et tout aurait été dit. Mais un Anglais qui vend un Ecossais, c'est un service rendu à son pays, que l'on paie à prix d'or, et qui couvre d'honneur celui qui l'a fait. Voilà bien longtemps que vous n'avez vu les Orcades; tout a bien changé, allez, et, comme dit le vieux Kinnatel, cela va de mal en pis.

— Et tu sais un moyen de les sauver?

— Infaillible. Nous sommes bien quarante jeunes gens tous pleins de force et de bonne volonté; nous avons grandi avec Donald; ce qu'il a fait, peut-être le ferons-nous quand notre tour viendra. Rien n'est plus facile que de forcer à la nuit les portes de la prison, de conduire la famille entière sur une barque prête à prendre le large, et de voguer du côté de la Norwége.

— Et si vous rencontrez des obstacles, les gardiens, les soldats?

— Quarante hommes déterminés sont bien forts.

— Assez, Wallace; il se peut que votre projet soit facile à exécuter; mais il n'est pas juste, et je m'étonne que vous m'ayez choisi pour de semblables confidences. Le prêtre n'entre pas dans toutes ces petites discussions de l'humanité, sa mission remonte plus haut. Si j'eusse été à Kirkwall quand votre ami prit sa détermination, il ne l'aurait pas fait. Donald, lui aurais-je dit, il a plu au Seigneur de nous mettre sous la verge de fer de l'Anglais. Ce n'est pas à l'Anglais que vous obéissez, c'est à Dieu lui-même. Partez; ceci est un temps d'épreuve, et il n'éprouve que ceux qu'il aime. Adorons ses secrets, nul ne connaît ses voies. Et à vous, Wallace, je vous dis : Mon fils, courbez la tête. Que vous aimiez ou non la domination étrangère, il faut la subir, sauf à espérer des temps meilleurs. Vous parlez de délivrer ces deux hommes, mais ils sont coupables, et le patriotisme ne saurait les absoudre. Notre Ecosse a passé sous le régime anglais parce que Jacques VI, le dernier de nos rois, est monté sur le trône de la Bretagne. Nous avons conservé nos lois religieuses et civiles, nos tribunaux. Depuis 1707 les deux royaumes n'en font qu'un, et les intérêts politiques et commerciaux sont les mêmes; et Donald s'est mis en rébellion contre les uns et contre les autres. Peu content d'être réfractaire, il s'est fait contrebandier; Kinnatel, obéissant à son amour paternel, l'a suivi sur cette pente funeste. Soutenir la révolte, c'est se révolter soi-même. Je ne veux pas dire, Wallace, qu'il faille les abandonner à leur malheureux sort. Je les aime trop moi-même pour ne pas conserver quelque espérance, le dernier rayon qui nous reste dans les routes sombres du malheur. Mais la violence appelle la violence, et vos desseins appelleraient les calamités les plus funestes non-seulement sur deux têtes si chères, mais aussi sur tous ceux qui prendraient part à leur délivrance. Old-Ketty est déjà avancée en âge, Cora est sans appui jusqu'à ce que votre union soit consacrée; attendons. Peut-être Dieu mettra-t-il un peu de pitié au cœur des juges, et, même après une condamnation, il nous restera le recours au roi. Qui sait s'il ne cherchera pas à s'attacher par la reconnaissance des cœurs sur lesquels ses rigueurs ont été jusqu'ici inutiles?

Wallace écoutait, l'air sombre et les yeux atta-
chés sur le sable que les premières vagues mouil-
laient déjà.

— Vous dites vrai, murmura-t-il d'une voix
rauque. Attendons.

— Jurez-moi que vous n'entreprendrez rien
sans mon avis. C'est une affaire bien difficile. La
moindre imprudence gâterait tout.

Et, entre les mains de Mac-Grégor, Wallace
jura; puis ils regagnèrent ensemble Kirkwall. Le
bon ecclésiastique se dirigea vers la demeure du
shériff, tandis que le jeune Ecossais regagnait
tout pensif la demeure de sa fiancée.

CHAPITRE IV.

A l'époque dont nous parlons, comme de nos
jours encore, les magistrats d'Ecosse ne différaient
guère dans les villages de leurs administrés. Ce
n'était pas une riche demeure que celle de Peter
Loch. Quatre pièces mal pavées formaient toute
son habitation. La cuisine où brûlait sans cesse
un feu de tourbe, qui empêchait les visiteurs de se
voir les uns les autres, tant la fumée était épaisse,
une petite pièce de six pieds de large pour les au-
diences du shériff, et deux chambres à coucher où
nous ne pénétrerons pas, parce que le temps est
pluvieux et que l'eau y suinte de toutes parts. Le

bureau de Peter Loch mérite seul quelques détails. Il y règne une obscurité favorable, dit-il, à cacher les impressions de son visage aux regards trop curieux de ses interlocuteurs. Devant une croisée dont les carreaux sont pour la plupart garnis de papier huilé, une table boîteuse est couverte de paperasses, d'une écritoire de liége et de deux ou trois plumes arrachées à l'aile de la dernière oie mangée chez le shériff. Un fauteuil à l'étoffe graisseuse et éraillée est le trône où l'officier municipal rend ses oracles, tandis qu'une chaise dont la paille s'en va chaque jour reçoit maître Philips, quand Peter Loch a besoin d'un greffier. Quelques dossiers salis se montrent sur une étagère le long du mur, que deux bancs de bois garnissent à hauteur d'appui, et le portrait en plâtre de Georges III domine cette admirable scène.

Au moment où nous introduisons nos jeunes lecteurs dans le sanctuaire des lois, trois personnages se tiennent debout auprès de la fenêtre : le shériff, Peregil et l'écrivain public ; ces deux derniers sont venus toucher le prix du sang.

— Allez vous faire pendre avec vos discussions ! s'écria Peter Loch. A quoi se borne mon devoir ? à délivrer quarante souverains d'or ; les voici. Que m'importe maintenant que ce soit l'Anglais ou la sorcière qui en profite. Nous avons obtenu ce que nous voulions, plus qu'on ne nous demandait. On poursuivait Donald, on a pris Kinnatel et Donald, un beau coup de filet, mes maîtres, et dont, à dé-

faut du roi, je vous garderai une longue reconnaissance.

— Philips sait bien, reprit l'Espagnole, de quoi
nous sommes convenus. Est-ce qu'il serait jamais
parvenu sans moi à conduire John Paddy à l'arrivée du lougre, et juste à l'endroit où le plus hardi
marin ne saurait échapper au plus mauvais voilier ?

— Je ne nie pas vos bons conseils, Peregil ; mais
vingt-cinq souverains pour un avis et quinze pour
les dangers que j'ai courus, la balance n'est pas
juste. Car enfin supposons que les contrebandiers
eussent échappé à la goëlette, Dieu sait ce qu'il fût
arrivé du fils de mon père.

— Finissons-en, interrompit le shériff. Je vais
partager la somme, et retirez-vous. Cette arrestation est fort importante, et nécessite de ma part
des précautions plus importantes que vos bavar-
dages.

L'écrivain tendit sa main droite d'un air pati-
bulaire, et reçut la moitié de la somme, qu'il en-
fonça dans les vastes poches de son pantalon. La
sorcière compta les pièces une à une, s'assura
qu'elles étaient toutes de bon aloi, et finit par les
plier dans un coin de son mouchoir. Puis, jetant
sur son complice un regard de vipère, elle passa
dans la cuisine.

Il était écrit que M. le shériff ne déjeunerait pas
ce jour-là. Un nouveau personnage venait de pénétrer dans sa demeure, et l'Espagnole à son aspect s'était hâtée de rentrer dans l'ombre que for-

mait le battant de la porte. C'était un de ces hommes austères qu'ellle n'aimait pas à rencontrer, parce qu'elle ne pouvait soutenir son regard, Mac-Grégor, le prêtre des îles.

Philips sortit, diminuant autant qu'il fut en son pouvoir son personnage presque diaphane ; et le shériff, s'asseyant d'un air maussade dans son vieux fauteuil, offrit au visiteur la chaise de son greffier accidentel.

— M. Peter Loch, dit le vénérable pasteur, je suis venu solliciter de vous une grâce, bien sûr de votre bienveillance et de votre justice.

Le shériff prit ses lunettes, huma une prise de tabac, et après un instant de silence :

— Vous savez, dit-il, M. Mac-Grégor, que je ne vous refuserai rien de ce qui peut compatir avec mes fonctions ; et je vous connais trop droit vous-même pour croire...

— Certainement. Je me garderais bien et pour vous et pour moi de vous mettre en opposition avec le devoir. Les deux Kinnatel ont été pris cette nuit.

Peter Loch sembla se ramasser sur lui-même comme le chat sauvage prêt à s'élancer sur sa proie. La méfiance lui était naturelle, et le caractère de prêtre catholique dont son interlocuteur était revêtu, la supériorité de ses lumières, sa voix grave et imposante, le rapetissaient si fort lui-même, qu'il eut peur. Il résolut de se tenir dans les termes les plus généraux.

— Ils l'ont été en effet, M. Mac-Grégor.

— Sous des charges accablantes?

— Comme vous le dites; tous deux exerçaient depuis longtemps la contrebande, et le plus jeune en outre a refusé le service du roi.

— Je ne vois pas d'excuse possible.

— Il n'en existe pas, ce me semble.

— Pour nous qui les avons connus dans un autre temps, peut-être trouverions-nous un peu de pitié, à défaut du pardon des hommes. Je connais votre cœur, M. Loch; voilà pourquoi je suis ici. Ne pourrais-je pas obtenir de vous l'autorisation de voir et de consoler les prisonniers?

— Nous y voici, pensa le shériff; et pendant qu'il cuirassait son âme contre toutes les attaques de la compassion, son visage prenait un air d'attendrissement à dérouter l'observateur le plus fin.

— Certainement, M. Mac-Grégor, ce serait un grand bien pour eux d'entendre votre parole; et, quoique nous ne soyons pas de la même communion, je n'hésiterais pas un instant à vous ouvrir toutes les portes de New-Temple (1), si...

— Si...

— Si l'instruction était faite et l'arrêt prononcé. Jusqu'à cette époque, ils sont sous la main seule de la loi, c'est-à-dire séparés de toute société qui pourrait entraver le cours de la justice. Je ne dis pas cela pour vous, M. Mac-Grégor. Je vous crois

(1) Nouveau temple.

un bon et loyal sujet du roi Georges, et les membres du *covenant* (1) estiment vos vertus et respectent votre haut caractère. Mais supposez un instant qu'il arrive une démonstration en faveur des prisonniers, que quelques jeunes gens des îles se réunissent et forcent les portes de notre petite citadelle, vous seriez accusé et moi aussi. Et, voyez-vous, la vie est durement chère, ma famille nombreuse, et les cent livres que me rapporte ma place ne se trouvent pas dans les écailles d'un crabe.

— Ainsi vous me refusez ?

— Non ; pour ma part, j'accorde. Ces Kinnatel étaient aimés, vénérés dans le pays, et leur conduite fut irréprochable jusqu'à la dernière levée d'hommes. Mais, pensez donc, je ne suis qu'un magistrat inférieur. Si vous voulez joindre à mon rapport une demande en forme, il est impossible que sir Burchell, juge désigné, ne se laisse pas attendrir.

— Je verrai. Bonjour, M. Loch.

— Bonjour, M. Mac-Grégor. Ne m'en veuillez pas au moins, et comptez sur mon appui.

Et le shériff rentra se frottant les mains ; car il avait bien joué son jeu.

— C'est cela, dit-il à sa digne moitié ; c'est cela, Nelly Primrose. Le papiste a donné dans le piége, et il n'en sortira pas sans y laisser quelques débris.

______

(1) Déclaration de plusieurs factieux religieux d'Ecosse.

CHAPITRE V.

Le même jour, lorsque la nuit eut couvert de ses ombres les terres et l'Océan, une femme sortit de Kirkwall. Sept heures venaient de sonner à la tour de la ville, et à cette époque reculée, il était déjà tard. Aussi toutes les chaumières closes depuis longtemps ne laissaient-elles parvenir aux yeux du passant que de timides lueurs. De temps à autre quelque pêcheur attardé se croisait avec elle et la saluait d'un ton miséricordieux du nom d'Old-Ketty.

— Dieu vous assiste, disait-il.

La pauvre mère ne répondait rien et pressait le pas. Elle arriva ainsi jusqu'à la lande, dont tous les sentiers lui étaient connus. Il faisait froid, bien froid. La bise soufflant d'un ton lugubre dans les genêts desséchés, la voix monotone de la mer élevant son majestueux murmure dans le silence des nuits, les pâles lueurs de la lune se projetant indécises sur les galets et sur l'herbe étiolée, tout se réunissait pour offrir un de ces tableaux fantastiques connus seulement des contrées du nord. Old-Ketty n'eût pas eu tant de sujets de douleur qu'à son cœur la tristesse fût venue. Mais que sont pour elle et les flots, et les vents, et les regards de l'astre assoupi ? Une pensée remplit son âme, et elle marche sans crainte vers son but.

— Vous l'avez compris, sans doute, la mère de Donald se dirigeait vers la demeure de Peregil. On ne saurait dire quelle est la puissance de la superstition sur ces âmes faites de foi et de simplicité. Certes elle ne croyait pas offenser Dieu, quoi qu'en eût dit Mac-Grégor, et elle se disait en marchant :

— C'est une femme de bon conseil que la sorcière de la lande, et rarement ce qu'elle annonce manque d'arriver, quoique je ne voie pas bien aujourd'hui comment nos pauvres prisonniers recouvreront, ainsi qu'elle l'a prédit, la couronne de leurs ancêtres.

Et la fille des Fergus hâtait le pas.

Mais tout-à-coup une forte odeur de fumée se répand dans l'atmosphère.

— Me voici chez Peregil, murmura la bonne Ketty ; elle est rentrée tard et allume son feu de tourbe verte, pauvre femme ! Mais plus elle s'approche, plus le brouillard devient épais autour d'elle ; quelques étincelles jaillissent en pétillant dans l'obscurité, et des langues de flamme montent vers le ciel. Tremblante, pleine d'inquiétude, la femme de Kinnatel presse le pas. Le toit de la chaumière est embrasé, mais les murs sont encore debout. Voici la porte fragile et la petite corde qui lève le loquet. Elle frappe, rien ne répond ; elle ouvre, la cabane est en feu.

— Peregil ! s'écrie-t-elle ; Peregil...

A cette voix un chant s'élève dans le désert,

chant plein d'une mystérieuse tristesse, redisant la légende de Macbeth.

Old-Ketty s'élance du côté où il se fait entendre avec toute la vitesse que lui permettent son grand âge et les angoisses de son cœur. Bientôt, à quelques pas devant elle, sous un rayon passager qui s'éteint aussitôt, elle aperçoit une forme humaine, une grande ombre qui se dessine fortement dans la demi-teinte de la nuit.

— Peregil, répète-t-elle encore ; Peregil !

Mais la bohémienne n'écoute rien, elle marche, elle marche du côté de la mer.

La fille des Fergus la poursuit dans sa course.

— Malheureuse, pense-t-elle, ce dernier malheur l'aura rendue folle. Sa raison chancelait souvent.

Et, reprenant courage, puisant des forces dans son amour de mère, elle la suit à grands pas.

C'était quelque chose d'étrange, et si quelque montagnard eût traversé la lande à cette heure de la nuit, il se fût prudemment signé. On parle dans les contrées septentrionales de certains *esprits* railleurs qui se plaisent à égarer les passants, et les conduisent presque toujours à quelque abîme d'où ils ne reviennent plus, Peregil ressemblait à ces fils de l'enfer.

Cependant le bruit des vagues devenait toujours plus imposant, et le chant de l'Espagnole se perdait dans la puissante respiration de l'Océan. Mais rien ne semblait devoir arrêter la précipitation de ses pas. Elle franchit la grève d'un bond, et poussa un cri sauvage auquel un autre cri répondit. La lune se dégageait en cet instant des sombres nuages qui l'absorbaient tour à tour, et la pauvre Ketty vit la bohémienne s'élancer dans un canot qui prit le large sous la forte impulsion de deux rameurs.

Un éclat de rire strident et moqueur fut le dernier adieu de la sorcière aux îles du comté d'Orkney.

Elle était restée debout, sans mouvement, suivant d'un regard plein d'atonie la blanche voile qui se fondait peu à peu dans l'obscurité de la nuit. Son âme honnête ne comprenait rien à cette fuite bizarre, à ce prompt départ, à cet incendie dont les rougeâtres lueurs se réflétaient maintenant sur le ciel, comme le ciel bleu dans les eaux du lac de Lock-Maber.

— Elle reviendra, murmura-t-elle; mais non, puisqu'elle a détruit son dernier asile. Encore une espérance perdue pour Kinnatel et mon fils.

Et tristement elle reprit le chemin de la ville, regardant tour à tour la mer qui emportait Peregil et le feu qui consumait sa demeure. Le deuil s'était assis dans l'âme et au foyer de la pauvre mère:

Que faisaient alors Donald, objet de tant de sollicitudes, et Kinnatel, si vénéré des habitants des îles, tombés aujourd'hui au rang des criminels?

Le docteur Davis avait visité la blessure du jeune homme, et l'avait jugée peu dangereuse. La balle ıvait pénétré seulement dans les chairs, elle en fut extraite avec toute l'habileté que l'on peut attendre d'un praticien de village, peu fait à de semblables opérations. Le highlander eut beaucoup à souffrir; mais là n'étaient pas ses plus grandes souffrances.

— Beaucoup de calme dans l'esprit, un entier repos, et ce sera l'affaire de quelques jours, dit l'homme de l'art en prenant sa canne et son chapeau.

Du calme, du repos à lui... mais il ne s'occupait pas de son sort. Mourir sur l'échafaud, toujours Écossais, lui paraissait moins dur qu'abjurer sa haine contre les oppresseurs, les servir, et tomber sans doute sur quelque champ de bataille lointain, dormir sur une terre étrangère où pas une larme amie n'arroserait sa couche dernière.

— Je mourrai, puisqu'il le faut, disait-il, pour apprendre la servitude aux autres. Je mourrai, mais mon dernier regard verra le ciel d'Ecosse; mais sur ma poitrine je sentirai peser, durant le long sommeil, le sol tant aimé de la patrie; je mourrai catholique romain et Ecossais.

Puis sa pensée se portait sur son père, vieillard aimé, destiné, lui aussi sans doute, au supplice ou à une détention dont il n'osait prévoir le terme. Infortuné Kinnatel, qui, après une vie entière de vertus et de travail, au moment de couler au sein de sa famille une vie plus heureuse, trouvait l'esclavage et la honte ! Et c'est lui, son fils, qui a ourdi ses chaînes, qui a ôté de son front la sainte couronne qui le faisait aimé, respecté de tous !

— Oh ! mieux eût valu ne jamais vivre, ou engloutir dans les flots de l'Océan des jours aussi funestes.

Comme il disait ces mots, dans le paroxysme du désespoir, la porte de son cachot roula sur ses gonds, et un homme à l'air vénérable s'avança vers lui.

— Pourquoi maudire et blasphémer, dit-il, quand la main de Dieu est sur nous? *Manus Dei super nos.*

Donald ne répondit pas, et jeta sur le ministre un regard courroucé. C'était en effet le *révérend Simpson*, prêtre presbytérien, qui se tenait devant lui, l'air grave et un sourire sympathique sur les lèvres. Il s'assit sur l'unique chaise de la prison, et s'approchant du jeune captif :

— J'ai appris hier, mon fils, lui dit-il, le malheur qui vous est arrivé ; et, lors même que mon ministère ne me l'eût pas ordonné, mon cœur m'eût conduit à vous pour vous offrir les consolations religieuses, seules efficaces dans les grandes afflictions.

— Merci, mon révérend, répondit le highlander qui, songeant à son père, jugea qu'il ne fallait pas irriter le pasteur, homme dont l'âme haineuse n'eût reculé devant aucun moyen de vengeance.

— Peut-être eussiez-vous préféré voir venir Mac-Grégor?

— Catholique, c'est à lui que j'ai affaire pour ce qui regarde mon salut ; mais un visage ami est toujours bienvenu au sein de l'adversité.

— Bien dit, Donald ; et, quoique vous sachant un garçon d'esprit et de cœur, je n'attendais pas de vous tant de résignation.

— Il sera temps de se désoler après le jugement, M. Simpson.

— Ne vous reste-t-il donc aucune espérance ?

— Aucune, et je ne m'en inquiète guère pour mon propre compte ; mais mon père me donne bien à pleurer.

Un éclair de joie satanique passa sur le front du presbytérien. Donald aurait eu peur, s'il l'avait aperçu. Sa tête était douloureusement retombée sur sa poitrine.

— Votre père, votre père, reprit le révérend, a beaucoup d'amis ; sa faute est grave ; qui sait si son grand âge, et son illustre origine...

— M. Simpson, j'ai toujours respecté les illusions de mon père à l'endroit de sa naissance, je ne les ai jamais partagées. Devant le juge, je n'implorerai ni le passé ni le présent. Seul je suis coupable, le châtiment ne m'effraie pas ; je l'ai entraîné dans ma faute, son affection l'a trompé ; je voudrais souffrir pour deux, mon courage ne fléchirait pas. Puis il y a dans Kirkwall une pauvre femme, une malheureuse jeune fille que j'aimais bien, allez. Ma mère, Cora, quelle doit être leur douleur ! et dire qu'à travers ces murs si sombres rien ne pénètre. Dieu fait bien d'être partout. Sans lui, que de cœurs succomberaient à la peine! Quelquefois, voyez-vous, mon âme s'affaisse; il me semble que, comme tout-à-l'heure, le désespoir fera surgir la mort. Eh bien! je pense à Dieu, je force mon esprit à se débarrasser de ses chaînes; il s'en va bien loin, bien loin, et c'est une autre vie, où je trouve Cora, et mon père, et la vieille Ketty, la veuve, la mère désolée.

— Ne vous laissez pas aller à cet abattement, mon fils. La Providence a des voies secrètes par lesquelles elle sauve et l'âme et le corps.

— Le corps est chose périssable; ce que je crains, ce n'est pas la mort; mais cette anxiété continuelle sur ceux qui vous aiment et que vous chérissez ici-bas est chose bien lourde.

— Demain, Donald, vous aurez des nouvelles sûres de toute votre famille, je vous en réponds.

— Et du vieux Kinnatel?

— Aussi.

— Merci, M. Simpson; vous vous êtes montré pitoyable pour le pauvre Donald. Si jamais... il n'y faut pas penser. Si Dieu, détournant ses regards de mes fautes, m'admet auprès de lui, vous aurez grande part dans mes faibles prières.

Le révérend s'était levé.

— A demain, dit-il; j'aurai fait une visite à votre demeure.

Le prisonnier tâcha de se soulever sur sa couche; mais ses forces étaient épuisées, il s'endormit d'un fiévreux sommeil.

Au sortir de la prison, M. Simpson rencontra le shériff, tout orgueilleux d'avoir à exercer une fois sérieusement une autorité presque toujours nulle.

— Eh bien ! dit-il.

— Tout va pour le mieux; je me suis insinué dans ses bonnes grâces. Avant peu de jours, notre Eglise comptera un *saint* de plus.

— Vous voulez dire dix, mon cher monsieur Simpson. Une abjuration de ces Kinnatel, les Romains les plus entêtés des îles, porte au papisme le dernier coup. A propos, mon révérend, je suis dépêché ici par mistriss Primrose pour vous prier de venir prendre le thé avec nous, après le déjeuner s'entend.

— Je vous suis; mais pour ne plus parler d'affaires, quoique mistress Nelly soit une de ces pures presbytériennes comme il nous en faudrait beaucoup, souvenez-vous, je vous prie, d'interdire à Mac-Grégor l'entrée de la prison.

— Rapportez-vous-en à nous, Simpson. Je lui ai promis d'écrire au juge du comté; mais on a tant d'affaires par le temps qui court, que la lettre ne saurait partir avant la huitaine, et...

— Bien imaginé, Peter Loch.

Les dignes acolytes approchaient de la demeure du shériff; la table était servie au milieu de la cuisine et chargée d'un énorme morceau de jambon, qu'escortaient une pièce de gibier, vrai chevreuil de montagne, et un plat de poissons frais. Il ne fallait pas moins en vérité pour fêter la future conversion de l'enragé papiste et l'événement qui mettait toute sa famille dans les larmes. Une bouteille d'*ale* (1) attendait ostensiblement les convives; mais un œil un peu exercé aux ténèbres eût deviné dans l'obscurité deux flacons de vin de France, encore couverts de la poussière dans laquelle ils avaient vieilli. Ah! il fallait que Peter Loch fût bien heureux pour se livrer à pareille profusion.

On se mit à table; sous cape le révérend riait, et le shériff, ne voulant pas rester en arrière, se frottait joyeusement les mains.

Et ce n'était pas à cela que devait se borner leur *sainte* allégresse. D'autres émotions non moins agréables étaient réservées à cette journée. Au moment où le magistrat allait procéder à l'autopsie du cadavre, comme il le disait agréablement dans ses heures de facétie, un bruit tumultueux se fit entendre dans la rue.

— Qu'est-ce encore? s'écria Peter Loch; ne pourra-t-on donc plus déjeuner tranquille dans Kirkwall?

Cependant la porte était ouverte à grand bruit, et une dizaine d'hommes et de femmes se précipitaient dans la cuisine enfumée.

____

(1) Espèce de bière chez les Anglais.

— Qu'y a-t-il donc ? dit le shériff d'une voix de tonnerre.

— Il y a, reprit le premier de la troupe, que la hutte de Peregil a été consumée, brûlée cette nuit, et qu'Ivan, au petit jour, a découvert dans les cendres et les ruines le cadavre de maître Philips, l'écrivain public ; il y a qu'il faut porter secours dans la lande, parce que le feu gagne toujours et s'étend jusqu'au lac de High–Turf (1).

— Qu'on sonne la cloche d'alarme, que tous les habitants, munis de vases, se transportent sur le lieu du sinistre ; ce ne sera pas chose difficile à arrêter. Les eaux sont abondantes ; prenez les hommes, les femmes, les enfants ; je vous suis. Sait-on où est la bohémienne ?

Nul ne répondit ; le tocsin retentit de toutes parts ; on se précipite en désordre, le shériff et le révérend ministre continuent leur déjeuner, et ce n'est qu'après le thé qu'ils se déterminent à quitter la table et à se transporter sur le théâtre du sinistre. Les mineurs, les marins, les pêcheurs étaient accourus ; et, avec l'activité qui caractérise les populations forcées par la nature à de pénibles labeurs, ils arrêtèrent les progrès de l'incendie. Le corps de Philips fut trouvé noirci, à demi consumé sous un monceau de cendres. Peter Loch verbalisa en se frottant les mains. Que d'événements en deux jours dans le bon comté des Orcades !

(1) Haute tourbière.

Cependant une parole imprudente, fatale, avait été prononcée dans la foule ; et le révérend Simpson, *fac simile* d'Argus, quand il s'agissait des catholiques, l'avait saisie, commentée aussitôt.

— J'ai rencontré, disait un jeune Ecossais sans y ajouter aucune importance, j'ai rencontré Old-Ketty qui s'en allait, sur le tard, par le sentier de Peregil. Elle sera sans doute plus instruite que nous.

— Vous avez raison, reprit le pasteur anglican ; Peter Loch, on ne peut pas laisser impunie la mort d'un honnête presbytérien, sujet direct de Sa Majesté d'Angleterre.

On revint à Kirkwall ; deux constables conduisirent devant le shériff la femme de Kinnatel, et l'interrogatoire commença en présence du révérend ministre, qui, à chaque réponse, donnait des signes peu douteux de son animosité et de sa joie. L'officier municipal avait un cœur bien fait pour le comprendre. La perte d'Old-Ketty avait été jurée dans l'échange d'un regard.

— Ecoutez, lui dit le shériff, tout cela n'est pas clair, mère ; vous venez de nous raconter une histoire bonne tout au plus à faire peur aux enfants quand la nuit se fait. Pour ma part, je n'y vois qu'une chose, l'assassinat d'un charmant garçon qui faisait très bien mon affaire, et l'incendie de la chaumière de la pauvre Peregil, qui sera bien étonnée à son retour, si tant est qu'elle revienne.

Après cet exorde, Peter Loch offrit une prise de

tabac à son compère, et sembla lui demander dans un coup d'œil ce qu'il pensait de son adresse.

— Bien dit, Monsieur, bien dit et bien jugé ; mais qui pouvait avoir intérêt à commettre ce crime ?

Ici le shériff arrêta sur Old-Ketty, par-dessus ses lunettes, un regard profond qui fit perdre toute contenance à la pauvre femme, quoiqu'elle ne sût trop ce qu'on lui voulait. On garda quelque temps le silence...

— Eh bien ! reprit le magistrat d'une voix haute, M. Simpson, je ne connais dans le comté d'Orkney qu'une personne contre laquelle toutes les apparences se réunissent ; c'est la femme de Kinnatel elle-même.

Et redoublant de volubilité :

— Q'alliez-vous faire à la tourbiére, dit-il, à une heure si avancée de la nuit, seule, évitant tous les yeux ? vous saviez que Philips et Peregil, comme deux vrais bon serviteurs qu'ils sont de Sa Majesté, avaient découvert à l'autorité la retraite de Donald, deux fois coupable comme insoumis et contrebandier.

— Philips et Peregil ! murmura la malheureuse étonnée.

— Vous le saviez, vous dis-je, et alors l'horrible pensée de la vengeance vous est venue, et Philips est mort, et la cabane de l'Espagnole est en cendres, et vous avez allumé un feu qui pouvait dévorer Kirkwall.

Peter Loch s'arrêta le visage empourpré, croisa ses deux mains sur son énorme ventre, et, après cinq minutes, de repos, ajouta :

— Répondez.

— Que voulez-vous que je vous dise? Quand Donald et Kinnatel ont été mis dans la prison, ma douleur a été grande. J'ai cherché dans mon esprit si je ne trouverais pas un moyen de les sauver, et, comme la bohémienne est une femme prudente dans ses avis, j'allais la consulter hier, quand j'aperçus une vraie gerbe de flammes dans un tourbillon de fumée. Peregil semblait sortir de la cabane ; je l'ai suivie, loin, bien loin, du côté de la mer, et elle m'a échappé sur un vaisseau qui paraissait l'attendre.

— Ce n'est pas mal imaginé, murmura Simpson.

— Toutes les apparences sont contre vous, Ketty, et je ne puis rien en votre faveur que poursuivre l'instruction. Dieu fasse qu'elle vous soit favorable.

Et, sur un signe du shériff, la pauvre Ketty fut conduite en prison.

Comme le prêtre presbytérien l'avait promis à Donald, il lui fit le lendemain une seconde visite. Dans un entretien plein de perfidie, il sut si bien assombrir sa position aux yeux du jeune highlander, que le découragement pénétra dans son âme. Toutefois il n'eut garde de lui parler du nouvel accident qui avait frappé sa famille dans ses plus chères affections, et laissé la désolée Gora seule au monde, sans autre appui que son courage, sans autres ressources que le pain qui allait diminuant chaque jour au vieux bahut.

Kinnatel, disait-il, supportait avec résignation le malheur qu'il reconnaissait avoir mérité, et Old-Kelly trouvait dans les consolations de sa fille un soulagement à ses maux.

— Et quand pensez-vous, murmura le triste jeune homme, que passera le juge du comté ?

— Dans les premiers jours de décembre ; il est à regretter que toutes les circonstances qui ont accompagné votre faute soient d'une incontestable évidence. Reconnaître votre identité, voilà toute l'instruction. Vous avez avec votre père été pris les armes à la main, c'est une lourde charge. Dans tout autre cas, la prévention eût été plus longue, et vos amis auraient trouvé le temps d'agir. Si vous étiez encore de la religion presbytérienne...

Donald fit un mouvement, et Simpson continua comme s'il n'avait rien aperçu :

— Si, dis-je, vous étiez de la religion presbytérienne, nos frères, tout-puissants auprès du roi Georges, se fussent sans aucun doute intéressés en votre faveur, et peut-être...

— Assez, Monsieur ; pourquoi nous appesantir sur des chances de salut qui n'existent pas, et ne sauraient exister pour moi ?

— Mais, voyez-vous, mon jeune ami, nous avons tous été catholiques romains avant d'ouvrir les yeux à la lumière...

— M. Simpson, mes ancêtres ont été les premiers à saluer sur la terre d'Ecosse la croix de J.-C. qui nous venait de Rome. Elevé dans les principes du seul Evangile divin, je lui serai fidèle, et si la haine d'un régime oppresseur m'a fait criminel, la peur du châtiment ne fera jamais de moi un apostat.

La gravité de ces paroles, si différentes de la forfanterie des *saints* du *covenant*, faillit détruire toutes les espérances du ministre. Mais dissimulant encore...

— Là, là, là, ajouta-t-il, comme vous vous emportez, mon garçon ; ce que je vous en dis est en vue de votre salut ici-bas et au ciel. Nous verrons ; mais je dois vous avouer qu'il me serait bien pénible de voir Kinnatel, un vieil ami, mourir dans les fers, et les balles d'un Anglais vous fracasser le crâne. Enfin, nous n'en sommes pas encore là.

A peine le tentateur fut-il parti, que le pauvre prisonnier retomba dans ses réflexions depuis trois jours si amères. Il s'affermit plus que jamais dans la chère religion de ses pères, et pria avec une ferveur qui ramena dans son âme la résignation sainte, si ce n'est l'espoir. Craignant les insistances de Simpson, qu'il considérait à juste titre comme autant d'insultes, il résolut de ne pas le revoir, et quand le geôlier vint sur le midi renouveler l'eau de sa cruche et le pain noir de la veille, Donald le pria de faire venir M. Mac-Grégor.

— Il ne m'appartient pas, lui dit brutalement

cet homme, d'introduire ici des papistes ; c'est l'affaire du shériff, je l'en préviendrai.

Et il sortit.

La position de Kinnatel n'est guère meilleure que celle de son fils : mais son inébranlable fermeté le met à l'abri de toute persécution, et ce n'est pas auprès de lui qu'oserait s'introduire l'odieux pasteur presbytérien. Quant à Old-Ketty, ses larmes n'ont pas cessé de couler depuis son incarcération. Ce n'est pas sur elle qu'elle pleure, c'est sur son mari et ses enfants.

Il est minuit, le temps est noir, la neige seule blanchit l'air, fouettée par le vent, et là-bas, à l'horizon, l'Océan fait entendre ses puissants murmures. Tout est sombre sur la grande mer, sombre et solitaire ; pas une lumière ne se réfléchit dans les flots, pas une blanche voile ne coupe les ténèbres. Et cependant n'entendez-vous pas un bruit léger à travers ce silence solennel ? On dirait un de ces monstrueux poissons qui fendent les eaux en les battant çà et là de leurs fortes nageoires. Bientôt, à quelques brasses du rivage, un petit vaisseau s'arrête, et des ombres mystérieuses en descendent une à une, gagnent la grève, et s'acheminent vers Kirkwall. Ces voyageurs nocturnes portent la toque écossaise et le plaid de la nation. La ville dort, toutes les portes sont closes, pas une lampe ne laisse échapper ses lueurs aux ais mal joints des cabanes. La troupe s'avance dans les rues désertes, étouffant ses pas, sa respiration, et se dirige vers la haute tour de New-Temple qui se dessine noire sur le fond sombre du ciel. A peine arrivés à l'entrée de la prison, les compagnons se rangèrent sur une double file, et huit d'entre eux, armés de leviers, s'apprêtèrent à s'ouvrir un accès dans l'intérieur de la petite forteresse. Les mesures étaient bien prises, et le succès de l'attaque ne pouvait se révoquer en doute. Le portail cria, la gâche descellée laissa le pène libre.

— Retenez la porte et pas de bruit, dit à voix basse celui qui semblait être le chef de l'expédition. N'éveillons personne.

— Si, malgré nous, ils ne veulent pas dormir ?

— La force par la force ; mais n'attaquez pas. Où est Wallace ?

— Voici, répondit le jeune homme.

— Marche à côté de moi le poignard à la main, et conduis-nous quatre seulement à la prison de Donald d'abord ; vous, restez où vous êtes.

Tout ceci s'était fait avec tant de silence et d'ensemble, que dans New-Temple rien n'avait bougé. Avez-vous déjà reconnu nos conspirateurs ? C'est Malcolm, le capitaine du lougre contrebandier, Trenmor le pêcheur, Wallace, le fiancé de Cora, et tous les hommes de l'équipage. Wallace, désespéré après son entrevue avec Mac-Grégor, a pris une barque, et s'est dirigé vers une île déserte où s'abritaient ordinairement les anciens compagnons de Kinnatel. A peine eurent-ils appris la captivité du père et du fils, qu'un plan fut arrêté pour les sauver, et nulle puissance dans les Orcades n'eût pu le déjouer, si l'obstacle ne fût venu du côté qui semblait le moins à craindre.

Le fiancé de Cora, familier avec tous les détours de la prison, s'arrêta bientôt devant une porte massive garnie de clous dont l'énorme tête présentait des pointes acérées.

— Donald! cria-t-il d'une voix assourdie...

— Qu'est-ce donc à cette heure? répondit le highlander, qui n'était informé de rien.

— Nous sommes tous ici, nous venons te sauver.

— Qui êtes-vous? demanda le jeune homme, au cœur duquel les insinuations du prêtre presbytérien avaient mis la défiance.

— Malcolm et ceux du lougre...

Un mouvement de joie fit battre son cœur; mais devenu tout-à-coup maître de sa surprise :

— C'est inutile, dit-il : Kinnatel, mon père, ne consentirait jamais à quitter les Orcades ; et, pour ma part, j'ai assez de la vie aventureuse, faite de fatigues et de périls, que j'ai menée pendant six mois.

— Que dis-tu? s'écria le capitaine; hâte-toi, tandis que tout dort dans cet antre maudit. Il y a sur le lougre une place pour ton père et pour toi.

— J'ai réfléchi, je ne ferai plus de contrebande. Ce qui est contre les lois humaines est aussi contre les lois de Dieu.

— Il faut l'enlever, murmura Wallace.

— La porte est solide.

— Emparons-nous des clefs ; où est la demeure du geôlier ?

Malcolm et le jeune Ecossais descendirent à pas lents. Le gardien Bully, ivre la veille de porter et de gin, dormait d'un sommeil profond comme le néant. Une lampe aux douteux rayons brûlait dans l'enfoncement de la cheminée. Avec toutes les précautions dont il était capable, le fiancé de Cora parvint à soustraire un énorme paquet de clefs caché sous le traversin sur lequel reposait la tête lourde de Bully. Malcolm s'empara de la lumière, et ferma derrière lui la porte de la geôle à double tour pour mettre le gardien dans l'impossibilité de leur nuire, le cas échéant.

Quelques instants après, le cachot de Donald était ouvert, et la route paraissait libre. Seul, il s'obstinait toujours. Cependant, vaincu par tant de sollicitations, il se résigna au salut, à condition que Kinnatel le suivrait.

Les compagnons du lougre se rendirent à la chambre du vieillard, et ne furent pas plus heureux. Il déclara qu'il voulait mourir où ses ancêtres étaient morts, reposer à côté d'eux ; que la religion lui défendait de chercher la vie par d'autres moyens que par un jugement d'ailleurs peu éloigné, et qu'il serait honteux enfin pour un catholique de donner cette joie aux presbytériens d'accuser de lâcheté les vrais disciples de Jésus-Christ.

Le capitaine se retira plein de découragement et les larmes aux yeux, mais ne pouvant s'empê-

cher d'admirer le stoïcisme de l'un et l'obéissance
passive de l'autre. Je parle de stoïcisme ; est-ce
bien de ce nom qu'il faut appeler la vertu céleste
que Dieu met au cœur de ceux qu'il éprouve quand
il veut les voir sortir victorieux de la lutte ? non,
c'est résignation qu'il faut dire ; le stoïcisme est
l'orgueil de la douleur humaine ; la résignation
est l'humilité de celui qui souffre devant Dieu.

Cependant quelque bruit se faisait entendre du
côté de la salle des gardes, et la position pouvait
devenir périlleuse. Après avoir épuisé toutes les
prières, toutes les supplications, les amis des deux
captifs se déterminèrent à la retraite. Elle se fit
dans le même silence, et rien ne put trahir les scè-
nes de la nuit. Je me trompe, et ne saurais m'arrêter à vous décrire quel fut l'étonnement du geôlier Bully à son réveil. Ses clefs enlevées, toute lumière disparue, lui-même enfermé dans sa chambre, n'y avait-il pas là de quoi bouleverser son
épaisse cervelle ? Il devait tomber du reste d'étonnements en étonnements. Sorti par une croisée
qui de sa loge donnait sur un cloître intérieur, il
trouva béante la porte de la rue. Plein de terreur,
il s'élance dans les corridors pour s'assurer de son
infortune. Peut-il douter un seul instant que les
prisonniers n'aient pris la clef des champs, et que
sa responsabilité ne soit en péril extrême ? La
chambre où Donald repose sur un grabat est ouverte, le gardien frissonne ; mais le jeune highlander est assis sur sa couche, triste et l'air réfléchi.

— Au nom du Seigneur, qu'est-il donc arrivé cette nuit? demanda Bully.

— Toutes les portes ont facilité notre évasion, comme vous le voyez, cédant à l'impulsion de personnages mystérieux. Nous pourrions être bien loin ; mais nous avons préféré attendre la décision du juge.

Incapable de comprendre un tel héroïsme, le geôlier haussa les épaules, et courut au cachot de Kinnatel. Là aussi la fuite avait été libre, et personne n'avait fui. Depuis l'arrestation des deux contrebandiers, Peter Loch avait redoublé de zèle et de surveillance dans ses fonctions municipales ; il venait chaque matin faire une visite à New-Temple, et s'assurer par lui-même que les deux victimes ne s'étaient pas évaporées pendant la nuit.

En apprenant tous les événements que nous venons de raconter, le shériff, dit l'histoire, secoua la tête trois fois et dit d'un air rêveur :

— Diable! diable !

Puis il alla faire son rapport, tandis que Bully, serrurier de son premier état, s'ingéniait à faire de nouvelles clefs en changeant les serrures.

A peine rentré chez lui, Peter Loch reçut la visite du vénérable Mac-Grégor, et à la contrariété qu'exprimèrent ses traits, tout le monde eût pu juger que la présence de Simpson et d'un pot d'ale lui aurait été plus agréable.

— Vous savez sans aucun doute, Monsieur, pourquoi je suis venu? dit le prêtre romain.

— Oui, répliqua Loch d'un air maussade. Toujours pour ces Kinnatel, que Dieu confonde. J'ai hâte d'en être délivré. Que croyez-vous, Monsieur, qui s'est passé depuis minuit environ? Les portes de la prison ont été forcées, Monsieur, leurs cachots ont été ouverts, et s'ils ne sont pas sortis, c'est qu'ils n'ont pas voulu.

— Ils n'ont pas voulu !

— Et ne connaissez-vous pas toute cette race des Grim? De ma vie je ne vis rien de plus entêté, ni vous non plus. Ils attendent un jugement. Un jugement, pour l'un c'est la mort, pour l'autre une captivité sans fin.

— Ils ont fait cela !

— Mais vous, Mac-Grégor, que me demandez-vous?

— L'autorisation de pénétrer auprès des prisonniers.

— J'ai écrit au gouverneur, et j'attends.

— Mais ne pourriez-vous prendre sur vous seul...

— Jamais.

— Cependant M. Simpson a été admis par deux fois.

— M. Simpson professe la religion du gouvernement, c'est notre ministre.

— Depuis le dernier édit nous avons les mêmes droits que vos prêtres.

— Ecoutez-moi, Monsieur; nous ne sommes

pas ici pour faire de la controverse politique ou religieuse. Je ne suis qu'un pauvre shériff et ne veux rien décider par moi-même. J'attends la réponse de l'honorable M. Burchell ; soyez sûr qu'avec son autorisation je serai heureux de vous être agréable.

Il ne put s'empêcher de rougir toutefois sous le regard profond du recteur des îles.

— Je vous crois, Peter Loch, reprit celui-ci. Mais puisque la réponse à vos lettres se fait attendre si longtemps, vous ne trouverez pas mauvais que je m'adresse directement au juge.

Cette menace alla droit au cœur de l'officier municipal. Et, quoique habitué à la dissimulation, il sentit passer sur son visage le frisson qui venait d'étreindre son âme.

C'était un homme juste que le juge du comté.

— Mac-Grégor, le paquebot de service de Thurso aux Orcades n'est pas encore arrivé ; attendons jusqu'au soir, et, si je ne reçois aucune lettre, vous visiterez les prisonniers, dussé-je en avoir quelque désagrément.

L'excellent prêtre ne savait pas l'artifice ; et, malgré sa haute prudence, se laissa convaincre par l'infernal shériff.

Oh ! il employa bien la journée, le digne magistrat ; il ne poursuivait qu'un but sous la pression du révérend presbytérien. L'abjuration du papisme par les Kinnatel devait avoir sur la population du comte d'Orkney tant d'influence et donner

à son avancement un tel essor, que tout moyen lui
était bon ! Quel malheur que Philips fût mort ! De
quelle utilité n'eût-il pas été dans de pareilles circonstances !

On se passa de Philips.

Une lettre fut apportée dans l'après-midi à Donald ; elle était ainsi conçue :

« Mon cher fils, nous sommes, ta sœur et moi,
» dans la plus profonde douleur, et votre sort pa-
» raît irrévocablement fixé. Un ami nous assure
» qu'embrasser le presbytérianisme est votre seul
» moyen de salut. Mon âme s'est indignée, tu le
» comprendras, mon Donald, à l'idée seule de te
» voir abandonner la religion de tes pères; mais
» ceci peut ne pas être éternel, et nous pourrons
» encore un jour prier ensemble au pied de nos
» saints autels. J'ai prié Wallace d'écrire cette let-
» tre, et pour un demi-souverain Bully a consenti
» à te la remettre. Songe à mon affreuse douleur,
» si je venais à te perdre ! »

Le jeune highlander ignorait complètement l'em-
prisonnement de sa mère, sans quoi la grossièreté
du mensonge lui fût clairement apparue. Il s'affli-
gea de la voir ainsi courber la tête au poids de la
douleur ; puis relevant Old-Ketty dans son estime
filiale, la réhabilitant avec son amour, il se prit à
douter, à ne pas croire que de sa noble mère pût
venir un semblable conseil.

— Oh ! ce n'est pas toi, ma mère, s'écriait-il dans le paroxysme de la fièvre et de la douleur, ce n'est pas la descendante des Fergus, l'épouse de Kinnatel, qui eût dicté ces paroles du démon. Noble femme, ton souvenir me soutiendra dans cette lutte, et si je dois mourir, je tomberai digne de ton amour, en courageux Ecossais, en chrétien fidèle.

Puis dans son cerveau malade d'autres idées se faisaient jour. La femme est faible, se disait-il, et la mère est plus faible qu'une autre femme. Cet avis, que lui ont suggéré nos ennemis sans doute, aurait-il trouvé son cœur désarmé ? Elle est bien crédule, et Simpson bien adroit.

Mais tandis qu'il flottait dans ces pensées contraires, il restait ferme dans une seule : mourir comme il avait vécu. Il n'était pas encore à la fin du combat. Le révérend ministre vint pour la troisième fois, la menace à la bouche, la rage dans le cœur. C'était un chêne que ce Donald, un chêne sur lequel la hache n'avait aucune prise. Aussi toutes ses subtilités furent-elles perdues ; à peine si le captif écouta son visiteur. Sa pensée était loin, bien loin de la prison ; et plus le moment fatal approchait, plus il se sentait libre devant Dieu.

— On attend dans huit jours le juge du comté, dit Simpson.

— Ce ne sera jamais assez tôt, répondit l'Ecossais.

— Il est bien douloureux à votre âge de perdre la vie, quand on peut l'avoir belle, riche et heureuse.

— Tout est entre les mains de Dieu.

— Mais vous ne renonceriez pas à lui, et vous sauveriez à la fois votre père qui se meurt déjà.

— Mon père se meurt!

— Et vous accuse...

— De quoi?

— De le laisser mourir, quand d'un mot vous pourriez le sauver.

— Ce mot, c'est l'apostasie. Allez, M. Simpson, ajouta-t-il d'une voix amère; ce que vous faites n'est pas digne d'un ministre du Seigneur, et votre conduite seule m'affermirait dans ma sainte croyance, si Dieu ne me donnait déjà la force de vous mépriser... Pardon, révérend, la langue est prompte, et je viens de prononcer un mot indigne de la perfection romaine. Mais que diriez-vous d'un prêtre catholique en usant, comme vous le faites, envers un pauvre prisonnier que tout accable, qui dans sa ruine entraîne sa famille entière? Que diriez-vous s'il allait lui proposer ce marché odieux de vendre son âme par-devant ses frères pour quelques jours d'une vie, hélas! déjà trop longue? Il aurait le mépris ici-bas et plus tard l'éternel châtiment. Ne vous épuisez donc pas en vains efforts. J'ai beaucoup pensé depuis que je vis dans la solitude, et je vois bien que j'ai mal agi en me mettant en rébellion contre les lois d'un pays puissant qui, aussi bien, nous régit, que nous le voulions ou que nous ne le voulions pas. Eh bien ! je suis résigné et plus insaisissable dans ma conscience que je ne l'ai été à Devil's-Hill. J'entends les pas du docteur Davis. Désormais épargnez-vous tant de peine. Je n'attends plus que la visite du juge, et en paix avec moi-même, je l'attendrai de tout mon cœur.

— Voici, dit M. Simpson, l'acte que j'avais préparé ; gardez-le, et songez-y.

CHAPITRE VI.

C'était dans un vaste château du comté de Caithness, situé à la pointe septentrionale de l'E-cosse, et séparé par le détroit de Pentland du comté des îles. Une large avenue plantée de hauts marronniers sauvages conduit jusqu'à la grille de la cour d'honneur que deux lions défendent sur leurs colonnes de pierre comme devant tous les manoirs de la presqu'île ; un banc établi à l'entrée du portail engage le voyageur à se reposer de ses fatigues, et lui donne une idée favorable de l'hospitalité du maître. Or, au jour dont nous parlons, c'était, je crois, le 30 novembre 1816, une jeune fille était assise, jetant de temps à autre un timide regard dans la cour où piaffaient entre les mains des valets quelques chevaux de main. Le givre -tombait, elle avait froid ; le vent soufflait avec violence et pénétrait glacial à travers sa mante écossaise; mais elle semblait indifférente à tout. Bientôt les longs aboiements des chiens de chasse la tirèrent de sa profonde rêverie, elle jeta un regard douloureux sur le vaste perron qui donnait entrée au château. De riches seigneurs en descendirent les marches. Un prêtre au costume grave et simple traversa la cour et vint à elle :

— Cora, lui dit-il, Monseigneur veut vous voir; comme il a beaucoup d'invités pour la chasse, et qu'il n'a pu prévoir notre arrivée, il nous attendra ce soir au retour.

En ce moment la meute découplée s'élança dans la plaine, et les chasseurs, montés sur de magnifiques chevaux, suivirent leurs valets.

Oui, c'est Cora; Cora et Mac-Grégor que nous venons de rencontrer à quarante lieues de Kirkwall. Le bon prêtre, introduit dans la prison, avait vu tour à tour Donald et Kinnatel, et la triste Old-Ketty. Plein d'admiration pour la fermeté du jeune highlander et la résignation de ses parents, il avait résolu de les sauver. La lettre prétendue écrite par la pauvre mère, l'acte d'abjuration laissé par le révérend, étaient en son pouvoir. Il alla trouver la malheureuse Cora.

— Voulez-vous, lui dit-il, que nous les arrachions à la mort et à la captivité ?

Cette question amena un sourire sur les lèvres de Cora, qui ne s'étaient ouvertes depuis longtemps que pour gémir et se plaindre.

— Si je le veux ! répondit-elle ; mais comment ?
Si j'étais riche, j'irais à Londres, comme je vous
le disais un jour ; le roi m'écouterait... Mais il est
bien difficile de parler au roi..

— Aussi n'irons-nous pas jusque-là, ma fille.
M. Burchell est bon, son caractère est généreux ;
il comprendra l'héroïsme de nos prisonniers, et
peut-être sera-t-il notre intermédiaire auprès de
Georges. Allons le trouver. Wallace nous conduira
jusqu'à Thurso, et nous gagnerons à pied le manoir de sa seigneurie.

Ils étaient partis tous deux, au milieu de la nuit,
pour éviter les regards, les commentaires et les
mauvaises intentions de leurs ennemis. Le bras
robuste de Wallace eut rapidement franchi le bras
de mer qui sépare l'île de Pomona de la terre
ferme, et il avait promis de revenir le surlende-
main pour les ramener à Kirkwall.

Quels sont ces deux voyageurs dans les landes
marécageuses du Caithness ? avec quel courage,
l'un malgré son âge, l'autre malgré sa jeunesse,
ils affrontent une marche dangereuse et pénible !
Le soir du premier jour ils s'arrêtèrent à une petite maison isolée sur la marge du chemin. Mac-
Grégor et Cora, admis à partager le repas et la couche d'une pauvre famille, eurent bientôt réparé
leurs forces ; et le lendemain, à peine le coq des
bruyères avait-il jeté sa chanson matinale, qu'ils
reprirent leur voyage, pleins d'espérance et de
charité.

Le jour baissait quand ils arrivèrent à Burchell'Castle (1). Les maisons qui entourent le manoir étaient déjà closes, et il était bien tard pour obtenir audience. Ils se logèrent donc dans une petite taverne dont l'enseigne balancée par le vent portait ces mots : *The pipe and pot* (2).

L'hôtesse, assez avenante, reçut les deux étrangers avec une bienveillance assez rare dans les auberges quand le luxe extérieur n'annonce pas une haute position dans les personnes qui voyagent. Le premier soin de Mac-Grégor fut de s'informer si sa seigneurie n'était pas au château.

— Elle y est, répondit mistress Meg, avec une société nombreuse, et nous aurons demain une des plus belles chasses à courre qui se soient données depuis longtemps.

— Je crains bien alors de ne pouvoir être introduit.

— Oh ! mon bon Monsieur, jamais personne n'a frappé en vain à la porte de l'honorable (3) M. Burchell. C'est un digne seigneur, charitable au pauvre monde ; c'est un juge miséricordieux pour ceux qui ont quelques fautes à se reprocher.

Le prêtre et la jeune fille avaient un si grand besoin d'espérer, qu'ils reçurent ces paroles comme un baume salutaire au fond de leur cœur. Cora trouva le sommeil, qui depuis bien des nuits

(1) Château de Burchell.
(2) La pipe et la bouteille.
(3) Titre nobiliaire en Angleterre.

fuyait ses yeux fatigués par les larmes, et fit des rêves d'or.

Comme l'avait déclaré mistress Meg (1), à peine Mac-Grégor eut-il été annoncé au comte, qu'il fut introduit auprès de lui. C'était un homme de cinquante ans environ ; sa taille était haute, son front large, ses yeux remplis d'intelligence et de bonté ; mais rien n'égalait la douceur de son sourire. Il s'inclina profondément devant le caractère sacré de son visiteur, et le faisant asseoir à ses côtés, lui demanda l'objet de sa visite.

Le recteur des îles commença à raconter ce qui se passait à Kirkwall. Il le fit avec toute la véracité qui était le fond de sa nature. Sans excuser la conduite de Donald, il sut l'attribuer à l'ignorance, aux préjugés nationaux ; celle de Kinnatel fut colorée de l'extrême affection d'un père pour son fils, de la nécessité où se trouva le descendant des Grim, chassé des mines, de pourvoir aux besoins de sa famille. La contrebande, Monseigneur, ajouta Mac-Grégor, n'est pas considérée comme un crime dans le comté d'Orkney. Nos Ecossais ont besoin d'être éclairés et instruits ; mais la plus austère probité est au fond de toutes les âmes. Tel qui hasarde sa vie sur les mers, hardi contrebandier, se croirait perdu dans ce monde et dans l'autre s'il prenait un œuf à son voisin.

L'honorable M. Burchell écouta avec l'attention

____

(1) Marguerite, abrév.

la plus soutenue le récit du prêtre romain, et son intérêt alla toujours croissant.

Il prit, dans un carton placé sur son bureau, une liasse de papiers, et après un court examen :

— Je vous remercie, dit-il, d'être venu. Il se passe d'étranges choses chez vous, et j'ai besoin d'être éclairé. M. Mac-Grégor, quoique différent d'opinions religieuses, j'apprécie toutes les vertus, et depuis longtemps j'ai les vôtres en estime. Je ne pourrais, sans manquer à toutes les convenances, continuer notre entretien ; je suis attendu pour la chasse ; mais souvenez-vous que je me mets à votre entière disposition pour ce soir à huit heures. Vous m'avez parlé, je crois, d'une jeune fille venue avec vous ?

— Elle m'attend, Monseigneur, à la porte du château.

— Et comment cette enfant a-t-elle pu braver et soutenir les labeurs d'un si long voyage ?

— Elle aime tant ses parents !

— Cette famille a toutes les vertus au milieu de je ne sais quel aveuglement... Enfin, consolez-la, Monsieur, ayez bon espoir. Tout ce qui sera compatible avec la voix de ma conscience sera fait, soyez-en sûr. Je vous attends ce soir avec la jeune Kinnatel.

Et il était parti, et l'heureux Mac-Grégor avait enfin porté au cœur de Cora un peu de calme et d'espérance.

Que la journée leur parut longue, de quels vœux n'appelèrent-ils pas l'heure si désirée, décisive peut-être? Enfin le retour des chasseurs fut signalé, les hautes tourelles du château se perdirent dans les brumes du soir, et les lumières resplendirent aux croisées innombrables.

Les deux voyageurs étaient assis auprès du foyer pétillant de la taverne, tandis qu'aux tables voisines devisaient ensemble quelques travailleurs du pays. La porte s'ouvrit tout-à-coup, et l'apparition d'un valet de pied émut la curiosité générale. Les conversations tombent aussitôt, plus d'un buveur arrête son verre de la table à sa bouche; on se regarde, on s'interroge.

— M. Mac-Grégor et sa compagne sont attendus chez M. le comte, dit le laquais.

Ils se levèrent tous les deux et le suivirent. O Cora! quels sentiments contraires faisaient palpiter ton cœur!

On les introduisit dans le cabinet de M. Burchell.

— Je vous ai fait appeler un peu plus tôt que nous n'étions convenus, dit-il; j'ai hâte d'éclaircir cette affaire, qui m'a préoccupé tout aujourd'hui. Ah! Mademoiselle, et vous, M. Mac-Grégor, nous sommes bien à plaindre; éloignés ainsi du lieu de notre juridiction, la vérité parvient-elle une fois jusqu'à notre retraite? Voyons, j'ai beaucoup réfléchi, et d'après les manœuvres de certaines personnes, je désire sauver tout le monde. On a fait

de cela à Kirkwall une affaire de parti et de religion. Les instructions du roi Georges sont préci-
ses cependant, et pleines d'une sollicitude plus
particulière pour l'Ecosse et l'Irlande. L'égalité des
droits est absolue pour les deux cultes...

— M. Simpson, hasarda le recteur, a obtenu la
permission de visiter nos malheureux captifs ; j'ai
été exclu jusqu'au dernier jour, parce que votre
seigneurie n'a point répondu à la lettre de notre
shériff à cet effet.

— Votre shériff... mais je n'ai reçu de lui que
trois procès-verbaux : l'arrestation de cette pauvre
famille, l'incendie de la maison d'une bohémienne
accompagné du meurtre d'un coquin, à qui on a
épargné les cachots de Sidney (1). Le troisième
est une attaque mystérieuse de New-Temple, dont
n'ont pas voulu profiter les accusés, refus que je
trouve très beau, je vous assure, et qui m'a complètement intéressé en leur faveur. Mais quant à
vous, Monsieur, votre nom n'est jamais venu jusqu'à mon oreille depuis votre rentrée aux Orcades.

— Alors le shériff...

— Vous a joué, voilà ce qu'il y a de plus clair.
Mais revenons : ce Donald a déserté, ou plutôt s'est
mis en rébellion contre la loi. Ecossais, descendant même, dit-on, de famille royale, son orgueil
l'a égaré sous le titre spécieux de patriotisme. C'est
la mort.

(1) Sidney, dans l'Océanie, lieu de déportation pour les criminels
anglais.

Cora pâlit d'une manière affreuse ; M. Burchell continua :

— Rassurez-vous, mon enfant, la loi prononce la mort, il est vrai ; mais tuer un homme qui a vu grandes ouvertes les portes de sa prison, qu'attendait sans doute au bord de la plage un vaisseau qui l'eût transporté bien loin de nos atteintes, un homme qui pouvait tout au moins recommencer son métier aventureux, non. Je conserve un frère à sa sœur, un fils à ses parents, un soldat au roi. Le service, entendez-vous, est une condition expresse de sa grâce ; vous le déterminerez. Il prêtera serment avant le procès. Son attachement à la foi de ses pères, la fermeté avec laquelle il a repoussé les offres de M. Simpson, que je ne saurais approuver en cette circonstance, et la lettre écrite au nom de sa mère, me sont un sûr garant de sa fidélité. Quant à l'accusation de contrebande, elle me paraît plus difficile à éluder, non pas pour Donald, qui s'en trouve dégagé en rejoignant les drapeaux, mais pour Kinnatel, qui aura à subir une peine légère. Toutefois, comme il trouve une excuse dans des circonstances entièrement exceptionnelles, un mois de prison suffira.

Le noble seigneur garda un instant le silence et chercha dans ses papiers un nouvel acte...

— Ah ! voici, dit-il enfin, Old-Ketty... C'est le nom de votre mère, mon enfant.

— Oui, Monseigneur.

— Old-Ketty est incriminée d'avoir mis le feu à

la cabane de Peregil, dans la lande de la tourbière, et préalablement d'avoir assassiné le sieur
Philips, écrivain public, estimé à Kirkwall.

Je ne félicite pas les habitants de votre ville d'a-
voir eu tant d'estime pour un drôle pareil. C'est
égal, Old-Ketty n'y va pas de main morte.

— Oh! Monseigneur!

— Un incendie, un meurtre, tout cela en deux
heures à peine. Je ne sais pourquoi M. Peter Loch
me paraît ici entaché de précipitation, pour ne pas
dire autre chose. N'auriez-vous pas à me donner
quelques éclaircissements, M. Mac-Grégor?

— Voici, M. le comte, le récit fidèle de la soirée. Comme vous le savez, quarante souverains
d'or avaient été promis pour la capture de Donald.
Aucun Ecossais ne se présenta ; mais il se rencontra deux étrangers qui se chargèrent de cette tra-
me odieuse. Ce furent maître Philips et Peregil, la
bohémienne. Celle-ci reçut des mains du shériff
vingt souverains comme son complice. On les vit
tous les deux se rendre à la hutte de l'Espagnole.
Old-Ketty ne savait rien de tout cela ; superstitieuse comme toutes les Ecossaises, elle voulut, le
soir, prendre l'avis de Peregil, qui se mêlait beaucoup d'expliquer l'avenir. En approchant du terme de sa course, une épaisse fumée l'enveloppa
presque tout entière, la flamme jaillissait du toit
de chaume. Et tout-à-coup elle entendit la voix de
la bohémienne qui chantait, se dirigeant vers
la mer, et la suivit jusqu'à ce qu'une barque ou

un vaisseau l'eut emportée loin de nos rivages.

— Connaissait-elle quelque chose du marché des deux scélérats?

— Mais, Monseigneur, si elle eût pu soupçonner le moins du monde cette machination, pensez-vous qu'elle se fût aventurée chez l'ennemie de sa famille, et surtout pour lui demander un avis?

— C'est juste. Je prévois alors ce qui est arrivé. Ce Philips aura été tué par la bohémienne, qui voulait s'emparer de ses vingt souverains d'or.

— Et cela est si vrai, qu'on n'a rien trouvé sur le cadavre.

— Et la femme n'a pas reparu depuis?

— Jamais.

— Ceci me paraît d'une clarté extrême, et je suis surpris que le shériff ne l'ait pas vu du même œil que moi. Cette famille est bien assez affligée pour que l'on n'y ajoute pas encore les horreurs d'une prévention gratuite.

M. Burchell sonna, et demanda son secrétaire; il lui dit quelques mots à voix basse, et le jeune homme se mit à écrire.

— Vous avez bien fait, vous redirai-je encore, de venir à moi. Ce procès criminel, présenté avec un redoutable échafaudage, est maintenant réduit à sa plus simple expression. Vous serez des messagers de bonheur. Je n'ai pas besoin, je pense, de vous recommander le silence le plus absolu. N'ébruitons rien avant mon arrivée; cela ne ferait que nous créer des embarras nouveaux.

Le secrétaire avait terminé son travail ; le comte lut, signa et mit le sceau.

— Voici, dit-il, l'ordre d'élargir immédiatement Old-Ketty. Allez embrasser votre mère, ma fille. M. Mac-Grégor, continuez de veiller paternellement sur votre troupeau catholique. C'est le bon plaisir de Sa Majesté.

Je ne vous dirai, pas, mes chers lecteurs, quels furent, après ces épreuves douloureuses, les sentiments de joie de la jeune Ecossaise, qui allait riant et pleurant à côté du vénérable pasteur, embrassant ses mains sans savoir comment lui exprimer sa gratitude. C'était le lendemain matin que Wallace devait les attendre dans la baie de Thurso ; comme ils n'avaient pas assez de temps pour se rendre à pied, ils prirent le coche qui venait de Wick, et arrivèrent à l'aurore au lieu de l'embarcation.

— Du silence, Cora : ne laissez deviner à personne, même à Wallace, les espérances que nous avons.

Ils arrivèrent sur le soir à Kirkwall, où leur absence avait été remarquée et commentée. La nuit n'était pas encore venue, et sur l'avis de son guide, la jeune fille se rendit avec lui chez le shériff. Pourquoi vous peindre la stupéfaction de Peter Loch en apprenant le voyage de Mac-Grégor ? Un éclair de haine passa dans ses yeux ; mais en lisant l'ordre qui rendait la liberté à la femme de Kinnatel, il eut sans doute le loisir de la réflexion ;

car il le sourire reparut sur ses lèvres, et dit d'un air plein de bonhomie :.

— Je vous félicite sincèrement, et vraiment j'avais un vif désir de donner à la pauvre femme sa liberté, sauf à m'en expliquer avec Monseigneur. Car je ne voyais pas du tout des charges suffisantes. Nous ne la ferons pas attendre, Cora, et ce soir elle couchera dans sa demeure.

Il prit sa canne et son chapeau, et l'on se dirigea vers New-Temple. Peu d'instants après Old-Ketty était libre. La pieuse fille, la bonne sœur, eût bien voulu parler à son père, à son frère ; mais le shériff prétendit qu'il était trop tard et ne pouvait permettre une telle visite de son autorité privée. Elle avait bien vieilli en quelques jours, la mère Catherine ; ses yeux avaient tant pleuré, son cœur avait eu de si douloureux soupirs ! Elle se réchauffa pourtant aux doux rayons des regards de sa fille, et put avoir de la joie quand elle apprit le résultat de sa démarche auprès de M. Burchell.

Le lendemain, notre ancienne connaissance Bully, cédant aux instances de Cora, dit de la voix brusque d'un geôlier à Donald et à Kinnatel, en renouvelant l'eau de leur cruche et leur portant le pain du jour :

— Mac-Grégor et Cora sont allés chez Monseigneur. Il y a pour vous beaucoup d'espérance. Old-Ketty a été mise en liberté.

— Old-Ketty !

—.Etait en prison du lendemain de votre arrestation. Il m'était défendu de rien dire. Bonsoir.

Et la clef tournait dans la serrure. La tradition rapporte que le gardien, avant de se retirer, avait laissé un bon pot d'ale à chacun des captifs; mais comme nous tenons cette circonstance de M. Simpson et de Peter Loch, nous n'y avons pas ajouté foi.

CHAPITRE VII.

Le grand jour est venu. Le très honorable M. Burchell est arrivé dans l'île de Pomona, et les assises doivent s'ouvrir le lendemain. Monseigneur a longtemps travaillé avec le shériff et entretenu Mac-Grégor une heure durant dès le jour de son arrivée. Old-Ketty et sa fille sont allées lui exprimer leur reconnaissance, et il les a reçues avec un sourire rempli des plus heureux présages. Toutes les conditions ont été parfaitement expliquées, et Donald, sur les instances de Mac-Grégor, et pour sauver son père, soutien de la famille pendant son absence, consent à servir l'Angleterre.

Dès huit heures, toutes les avenues du tribunal sont encombrées; la population de Kirkwall ne travaillera pas, tant le sort des deux accusés l'intéresse. Ils sortent enfin de New-Temple, et c'est à peine s'ils peuvent avancer au milieu de la foule sympathique qui les presse. La blessure de Donald est guérie, la joie de retrouver son père semble lui avoir rendu sa fraîcheur. C'est bien le jeune highlander, le descendant des Grim et des Fergus. On arrive enfin à la salle d'audience ; toutes les mères de Kirkwall s'y sont donné rendez-vous, et de toutes parts des témoignages de la plus vive sympathie accueillent la famille éprouvée et la jeune fille dont la piété les aura sauvés tous trois. Mac-Grégor s'est assis à côté de Donald, et M. Burchell lui a adressé un très gracieux sourire qui fait courir un frisson dans les veines de Peter-Loch. M. Simpson est absent.

La cause est appelée. L'attorney (1) se lève, et c'est à peine s'il soutient l'accusation. Il requiert que Donald soit enregimenté pour servir le temps légal, ne considérant l'exercice de la contrebande que comme un délit inhérent à la position dans laquelle il se trouvait.

Kinnatel doit être, pour l'exemple, puni d'un mois de prison seulement, sa faute se rattachant à la résistance de son fils à la loi, et il subira sa peine à la réquisition de M. le juge du comté.

Quant à l'incendie et au meurtre de l'Anglais Philips, la sorcière Peregil sera poursuivie conformément aux lois de l'Ecosse.

M. le juge du comté d'Orkney prononce la sentence aux applaudissements de la foule, qui porte en triomphe jusqu'à sa demeure la famille de Kinnatel le pêcheur.

Wallace devint quelque temps après l'époux

_____

(1) Procureur du roi.

heureux de la vertueuse Cora, et aida de tous ses moyens et de toutes ses forces au bien-être de la famille. Mac-Grégor a continué longtemps sa vie apostolique, et laissé une mémoire chère encore de nos jours aux habitants des îles.

Et Donald, me demandez-vous ?

Donald, dont je tiens cette histoire, est aujourd'hui lieutenant aux gardes de la reine. Un rhumatisme aigu l'a conduit cette année aux eaux de Vichy, où il s'est plu à me raconter les faits que vous venez de lire.

« M. Burchell, dont je vénère la mémoire, me
» disait-il le jour de son départ, était aussi pru-
» dent que généreux, et je ne doute pas qu'avec
» de semblables hommes, toute haine ne cessât
» entre des nationalités réunies sous une même loi,
» Le ministre de la justice, sur l'ordre intime de
» Sa Majesté, lui adressa une lettre de félicitation
» que j'ai eu plus tard l'occasion de lire. Peter
» Loch et Simpson avaient mené dans toute cette
» affaire une conduite problématique qui leur va-
» lut une destitution de leurs emplois respectifs.
» Le vice sera toujours moins fort que la verte. »

L. ENDURAN.

LE PETIT TOURISTE.

Les vendanges finissaient dans le Lyonnais, et avec elles les plaisirs des vacances dont elles sont, pour ainsi dire, le dernier et le plus beau jour. M. et madame Montbailly disaient adieu à leur charmante villa de Montouis, située dans la commune de Saint-Didier. Ils rentraient à la ville, car le tambour du collége battait le rappel ; et leur jeune fils Amédée allait pour la troisième année s'asseoir sur les bancs des écoles. Il rapportait avec lui de nombreuses friandises, des jouets tant aimés des enfants : la dormeuse, le sabot dont on châtie la paresse à l'aide d'un long fouet, des balles, des billes, tout l'attirail enfin d'un enfant gâté. Il rapportait aussi des souvenirs de ses parties, de ses promenades, de ses voyages même, pour amuser les camarades pendant les longues veillées d'hiver. Amédée était ce qu'on appelle au collége un bon garçon, franc, loyal, de joyeuse humeur, partageant volontiers tout ce qu'il avait avec ses amis, et s'inquiétant peu s'il en resterait pour lui le lendemain. Aussi était-il aimé de tous, et son arrivée fut-elle saluée d'un hourra presque général.

Là il retrouva tous les amis des années précédentes, amis de douze ans, c'est-à-dire du même âge que lui, puis quelques nouveaux venus avec lesquels il eut bientôt fait connaissance. Le soir commencèrent les histoires des vacances.

— Moi je suis resté à la campagne, disait l'un, j'ai accompagné papa à la chasse, et nous avons tué beaucoup de gibier.

— Pour moi, disait un autre, j'ai constamment habité la ville où mes parents étaient retenus par leur commerce ; mais j'ai lu toute l'histoire des naufrages, et j'aurai bien des choses à raconter.

— Et toi, Amédée, et toi ?

— Oh ! moi, dit l'enfant, sur lequel se concentra toute l'attention, moi j'ai voyagé avec deux amis de mon père, qui m'appellent aussi leur ami ; j'ai beaucoup vu, beaucoup entendu, beaucoup appris ; et toutes ces mémorables aventures sont consignées dans mon album de voyage.

— Oh ! il y a encore une heure avant le souper : conte-nous quelque chose, Amédée ! Et ils se rangèrent en cercle autour de l'enfant, qui, avec une fatuité toute comique, tira de son bureau un joli carnet de maroquin et se mit à lire un fragment de ses impressions, pompeusement décoré du titre de *Journal de voyage*, et adressé, sous forme de lettre, à un de ses amis.

« Mon cher Eugène,

» Les vacances nous ont séparés ; toi, tu es allé voir Marseille et son beau port, Marseille dont tu m'as dit cent fois tant de merveilles, et moi je suis resté à Lyon, attendant la rentrée qui devait nous réunir. Aujourd'hui je t'écris, car moi aussi j'ai à raconter ce que j'ai vu, ce que j'ai fait. Il y a quelques jours, je quittai pour la première fois la ville de Lyon pour une excursion dans le Bugey et la Savoie. Jamais l'oiseau n'avait encore quitté l'aile de sa mère ; jamais il n'avait pris une aussi longue volée. J'étais en société de gais compagnons : M. Alfred de Gravillers, un des amis de mon père, et M. Albert de Leustal, tous les trois le sac sur le dos et le bâton blanc du pèlerin à la main, nous marchions lestes et joyeux, eux cherchant des sensations nouvelles pour faire diversion à leur vie, et moi respirant l'air à pleins poumons, fier de ma liberté, ne voyant rien en regardant tout. Nous passâmes par Miribel sans nous y arrêter ; Montluer, petit bourg qu'on a décoré du nom de ville, puis nous entrâmes dans le Bugey, cette partie si pittoresque de la France ; le Bugey, si peu exploré, si peu connu, et dont je voudrais être l'historien.

» Là ce sont des coteaux tout hérissés de bois touffus, de rochers fantastiques, puis vous voyez au bord d'un lac une fabrique retentissante.

» Ici c'est un moulin dont le cliquet se fait entendre : vous ne le voyez pas encore ; mais, au détour de la route, se découvre un délicieux point de vue : le Furent aux eaux rapides serpente dans une douce vallée, puis au loin des plaines, des campagnes qui nagent dans une douce vapeur. Je repaissais mes yeux de ces sites si beaux, si nouveaux pour moi.

» Nous arrivâmes le soir bien tard à Bellay, et moi, peu habitué encore aux voyages, je commençais à ne plus trouver si agréable de parcourir à pied le Bugey ; j'avais fait douze lieues, et j'en avais assez. A peine le clocher de Notre-Dame de Fourvières était-il hors de ma vue, que déjà je me croyais aux colonnes d'Hercule, et que je protestais contre la continuation pédestre de notre voyage. A toutes les objections je répondais par le *nec plus ultrà* du demi-dieu de la fable, que je m'appliquais avec orgueil, ce qui fit ouvrir de grands yeux aux servantes du *Faucon argenté*, où nous descendîmes.

» Souper à l'auberge était pour moi le suprême bonheur. Aussi je crois que de ma vie je ne soupai aussi bien ; à l'encontre de mes amis, je trouvai tout délicieux. Je me couchai fort content de moi, dans un lit qui, à chacun de mes mouvements, poussait de tristes soupirs, et ce bruit me berça aussi agréablement que les chansons de ma nourrice ; bientôt l'essaim des songes dorés vint s'abattre à mon chevet.

» Le lendemain je m'éveillai fort tard. Alfred et

Albert étaient déjà sortis pour quelques promenades dans la ville : j'en fus charmé, car je voulais écrire les mémorables événements de la veille, et commencer le Journal de mon voyage.

» J'inscrivis donc en tête, comme Robinson : *Je suis parti de Lyon le 14 septembre 183...*

» Lorsqu'une voix qui me sembla tout d'abord angélique vint me distraire de mes grands travaux. C'était une Savoyarde qui criait à tue-tête :

Le roi passait
Et le tambour battait,
Battait aux champs.
. . . .

» Je prêtai l'oreille ; car, tu le sais, j'ai toujours été désireux de m'instruire, et ce commencement promettait béaucoup ; mais la chanson fut interrompue par une série de jurons formidables, et dont je te fais grâce. C'était un muletier qui prétendait que, pendant la nuit, on lui avait volé sa sacoche contenant un louis en gros sous, et, après avoir bien soupé la veille, déjeuné le lendemain, et couché entre de moelleuses couvertures, il voulait continuer sa route sans bourse délier. Ce fut une longue dispute, à ce que j'en pus juger à leurs gestes ; car, bien qu'ils parlassent très haut, je n'y pus rien comprendre : c'était pour moi une langue inintelligible. La discussion se termina par une averse de coups de poing et de coups de pied, où chaque gourmade devait laisser sa marque.

» Alfred et Albert revinrent bientôt après, et

nous déjeunâmes. Nous partîmes ensuite pour visiter le château de Pierre-Chatel, sentinelle avancée sur le Rhône, d'où elle domine la Savoie. Ce pauvre château-fort, qui n'est plus qu'une prison militaire, est bien déchu de son importance et de sa gloire des autres temps ; cependant il fait encore le fier, perché qu'il est sur un rocher à pic, accessible aux seuls aigles. Aussi ne me piquai-je pas d'y monter : mes compagnons de route me quittèrent donc et commencèrent leur ascension. Je restai assis à les attendre, et je les eus bientôt perdus de vue au détour du chemin. Alors je songeai à ce qu'ils pourraient voir dans ce nid de vautours, et la curiosité s'empara de moi, ainsi que la honte que m'inspira ma paresse. Moi, le plus jeune, je reculais. Le rouge me monta au visage, et je m'élançai à leur suite dans l'étroit sentier. Je les eus bientôt rejoints. Ils me félicitèrent sur ma courageuse résolution, tout en me faisant croire qu'ils y avaient compté. Nous continuâmes notre chemin. Après une demi-heure de marche nous entrions dans la place. Nous entendions comme un bruit affaibli le courant du Rhône qui se brise contre le pied du rocher, et au-delà du fleuve la Savoie ; en face de nous le Mont-du-Chat, et de l'autre côté, au bord d'un lac, Aix, si cher aux flâneurs et aux malades.

Ensuite nous retournâmes pour visiter cette triste prison qu'on appelle un château, avec des barreaux à toutes les fenêtres, des verrous à toutes les portes, et pour habitants à ce château de pauvres prisonniers qui regardaient le ciel et se prenaient à jalouser les hirondelles tournoyant dans les airs avec des cris aigus. Puis nous visitâmes de froids cachots où furent renfermées tant d'illustres victimes qui n'en sortirent que pour aller à la mort, ou déjà moissonnées par elle.

On nous montra le cabanon où furent ensevelis vivants, sous Louis XII, le duc de Milan, Sforce, et Ascanio son frère. Là aussi furent enfermés ceux des notables Lyonnais qui, pendant la révolution, encombraient les prisons de la ville, et que l'on était forcé d'envoyer ailleurs. Sous ces voûtes où l'eau suinte, où les murs sont luisants d'humidité, où j'avais peur, je voulais revoir le soleil.

Ce fort, presque abandonné maintenant, est gardé par des vétérans. L'un d'eux, tout courbé de vieillesse, et qui, depuis cinquante ans, n'a quitté qu'à de rares intervalles cette citadelle, devenue ses Invalides, me raconta une histoire dont jamais je ne reproduirai la touchante mais énergique simplicité.

Il me fit asseoir près de lui, sur l'affût d'un de ces vieux canons de la République, sur lesquels on lit la devise d'alors : *Liberté, Egalité.* Il le caressa de la main, comme une vieille connaissance, puis il commença ainsi :

— Au moment de la Terreur, j'étais avec la 25ᵉ demi-brigade en garnison à Pierre-Chatel. Plus heureux que nos camarades, on nous préposa à la garde des prisonniers et à la défense de la frontière, et nous ne fûmes pas témoins des drames sanglants dont les soldats étaient les involontaires complices. Mais je vous ai promis une histoire, et voilà que je vais faire de la politique de ces temps-là. Revenons à nos moutons, c'est-à-dire à nos prisonniers. Parmi eux, un vieux prêtre, dont le crime était tout dans la profession d'une foi sincère, gisait oublié dans son cachot, attendant l'arrêt du tribunal révolutionnaire.

» Chaque jour, deux enfants, ses neveux, venaient le voir, lui apporter du courage et l'espérance, cette consolation des affligés. C'étaient deux orphelins, enfants de sa sœur, et dont il avait dirigé le cœur et l'esprit dès leur plus tendre enfance. Ce fut un coup bien cruel que celui qui l'arracha à ses paroissiens, à ses enfants, et le traîna de sa petite cure de Saint-Rambert dans une affreuse prison d'état. S'il pleura, le vieux prêtre, ce fut sur leur sort, et non sur le sien ; les enfants purent chaque jour le visiter. Fanchette avait seize ans ; elle comprenait mieux que Jacques son frère, plus jeune qu'elle, le danger de leur pauvre oncle ; mais comment l'y soustraire ? comment l'arracher à une mort presque certaine ? Elle pauvre, ignorée, pourra-t-elle implorer la pitié des juges, osera-t-elle le proclamer innocent ? Oh ! non, il vaut mieux se taire, car les bourreaux, ivres de sang, paraissent l'avoir oublié ; les gardes eux-mêmes ne pensent pas à lui.

» Un jour Fanchette arriva avec un petit panier de provisions : j'étais de garde dans le corridor du cachot où se trouvait le vieux prisonnier. Je remarquai je ne sais quoi d'embarrassé dans son maintien ; elle glissait plutôt qu'elle ne marchait ; elle montra son laisser-passer, sa main tremblait, et de ses lèvres pâles elle essaya de me sourire. Elle était seule, et Jacques n'était pas venu. Je m'informai du petit Jacques ; elle me remercia d'une voix émue.

» Il y a quelque chose là-dessous, me dis-je. Ma foi, si elle veut faire évader le vieux ci-devant, je ne m'y opposerai pas. La pauvre petite, elle est si charmante ! et puis, le bon vieillard que ce curé ! Je risque à me faire fusiller ; mais c'est égal, cette bonne œuvre me sera comptée en paradis. Dieu merci, la voilà entrée, les geôliers ne se sont aperçus de rien : c'est que, je crois, il n'y a rien de plus facile à tromper que ceux qui sont continuellement sur leurs gardes ; ou bien avaient-ils fermé les yeux. Je fis comme eux. Un instant après Fanchette ressortit leste et joyeuse ; en passant à mes côtés, elle me lança un regard reconnaissant et moqueur tout à la fois. Deux heures après, je fus relevé de garde, et, rentré au poste, j'eus bientôt oublié cet incident.

» La nuit vint. A l'aide d'une échelle de soie que Fanchette avait apportée, et qu'elle cachait si mystérieusement sous sa robe, le vieux prêtre devait fuir. Ah ! sans doute la nuit fut longue à venir, la joie de la pauvre enfant fut troublée par d'affreuses angoisses. Si la ruse était découverte, si la corde se rompait, si le pauvre vieillard, paralysé par l'humidité du cachot, ne pouvait parvenir à s'échapper !

» Une pluie fine et froide enveloppait le rocher. Les sentinelles étaient retenues dans leurs casemates ; leur voix seule criant : Sentinelles, prenez garde à vous ! troublait le silence de la nuit. Fanchette était là au pied du rocher, croyant voir un soldat dans chaque buisson, entendre une voix dans chaque bruissement du vent dans les feuilles.

» Lorsque le prêtre n'entendit plus rien, lorsque tout mouvement eut cessé dans la citadelle, il souleva un des barreaux qu'il était parvenu à desceller, il escalada sa fenêtre et gagna la plateforme. Aucun soldat n'est là. Il attache sa corde, enjambe le créneau, et se laisse aller à la garde de Dieu.

» Fanchette entend un frôlement le long du rocher, c'est celui de la corde à laquelle est suspendue la vie de son bienfaiteur ; elle lève inutilement ses regards, la nuit est noire. Tout-à-coup un cri retentit, un coup de feu part du haut du mur, puis c'est un bruit étouffé, comme celui d'une pierre qui tomberait sur le sol humide. Pauvre Fanchette ! son cœur se brise, ses genoux fléchissent ; mais elle entend un sourd gémissement, elle s'élance les bras étendus, le vieillard y tombe frappé d'une balle ; elle le presse sur son cœur et l'entraîne vers le rivage ; Jacques, qui attendait avec une barque, accourt au-devant d'eux, et les dirige dans l'obscurité. Fanchette est à bout de ses forces : les bateliers arrivent, saisissent le vieillard et Fanchette, les transportent à la barque et fuient à force de rames. La nacelle vole sur les eaux rapides du Rhône. La pauvre enfant étreint un cadavre inanimé, lorsqu'un rayon d'espoir vient sécher ses larmes. Le vieux prêtre revient à lui, soulève sa paupière et demande où il est. Fanchette le rassure, baise ses mains, tandis que les bateliers étanchent le sang de la plaie. Vous êtes... vous êtes sauvé, mon bon oncle : entendez-vous, làbas, au loin, déjà le clairon sonne ; à Pierre-Chate! on sait votre fuite ; mais le fleuve nous emporte, et nous sommes loin de leurs atteintes.

» Et tous trois tombèrent à genoux et remercièrent Dieu dans une touchante prière. »

LE CAPITAINE GUILLAUME.

Des voyageurs partis de Glascow, et qui furent obligés de s'arrêter à un petit bourg près de Lanesk, ont laissé la relation suivante faite pour inspirer le plus grand intérêt.

N'ayant rien de mieux à faire, dit l'un d'eux, nous regardions les passants par les fenêtres de notre hôtellerie, placées vis-à-vis de la prison. Nous vîmes arriver à cheval un homme vêtu d'un frac bleu, très simple, et ayant sur sa tête un chapeau bordé. Cet homme mit pied à terre à notre hôtellerie, et confiant son cheval à l'hôte, il s'avança vers un vieillard qui était occupé à paver la rue.

Après l'avoir salué, il prit la demoiselle, et donna quelques coups sur le pavé, en disant au vieillard fort étonné de l'aventure :

— Cet ouvrage me paraît bien pénible à votre âge ; n'avez-vous point d'enfants qui puissent partager vos travaux, et soulager votre vieillesse ?

— Pardonnez-moi, Monsieur, j'ai trois garçons qui me donnaient les plus grandes espérances ; mais les pauvres enfants ne sont pas maintenant à portée de secourir leur père.

— Et où sont-ils donc ?

— L'aîné est parvenu au grade de capitaine dans les Indes Orientales : le second s'est fait soldat, dans l'espoir de s'élever comme son frère.

— Et qu'est devenu le troisième ?

— Hélas ! il a répondu pour moi. Le pauvre enfant s'est chargé de payer mes dettes ; il n'a pu les acquitter, et il est en prison.

A ce récit, le voyageur se détourna de quelques pas, resta quelque temps les mains sur le visage, puis, revenant près du vieillard :

— Et cet aîné, ce fils dénaturé, ce capitaine, il ne vous a donc rien envoyé pour vous tirer de la misère ?

— Ah ! ne l'appelez point dénaturé ; mon fils est vertueux : il aime et respecte son père. Il m'a envoyé des fonds, et plus même que je n'en avais besoin ; mais j'ai eu le malheur de les perdre, en me rendant caution pour un très galant homme, pour mon hôte, qui malheureusement a causé ma ruine, se trouvant hors d'état de payer; on m'a tout pris, il ne me reste plus rien.

Alors un jeune homme, passant la tête par les barreaux de la prison voisine, où il était renfermé, se mit à crier :

— Mon père! mon père! si mon frère Guillaume vit encore, c'est lui, c'est ce voyageur qui vous parle!

— Oui, mon ami, c'est moi-même! répondit le voyageur en se précipitant dans les bras du vieillard, qui, tout hors de lui-même, voulant parler et sanglotant, n'avait pu reprendre ses sens.

Une vieille femme, mise décemment, sortit au même instant d'une mauvaise cabane, en s'écriant :

— Où est-il donc? où est-il donc? où es-tu, mon cher Guillaume? viens donc à moi; viens embrasser ta mère!

Le capitaine, ne l'ayant pas plus tôt aperçue que, quittant son père, il alla se jeter au cou de la bonne vieille. Alors nous descendîmes; et augmentant le nombre des spectateurs de cette scène attendrissante, M. Bramble, l'un de nous, fendant la presse, alla au voyageur, et lui dit :

— Capitaine, nous demandons la faveur de nous lier avec vous; nous aurions volontiers fait cent lieues pour être les témoins de cette tendre reconnaissance avec votre honnête famille. Vous et les vôtres, nous vous en supplions, dînez avec nous dans cette hôtellerie.

Le capitaine, sensible à cette invitation, l'accepta, mais en nous disant qu'il ne mangerait ni ne boirait que lorsque son jeune frère aurait recouvré sa liberté; et, à l'instant, il alla déposer la somme pour laquelle on l'avait mis en prison, d'où il sortit quelques moments après. Alors toute cette famille se rendit à l'hôtellerie, où elle trouva le sensible Guillaume au milieu d'une multitude qui l'accablait de caresses, qu'il rendait avec la même cordialité. Ce bon militaire, dont le nom était Brown, nous dit, aussitôt que nous pûmes converser librement :

— Messieurs, c'est aujourd'hui que je sens dans toute son étendue les faveurs de la fortune, à laquelle je dois tout. Mon oncle m'élevait au métier de tisserand; mais je répondis mal à ses bontés, et, par esprit de paresse et de dissipation, je m'enrôlai dans les troupes de la compagnie des Indes. J'avais alors tout au plus dix-huit ans. Mon bonheur vient d'avoir été remarqué par milord Clève, dont toute l'Europe connaît la bienfaisance et l'inépuisable générosité. Mon zèle pour le service lui inspira des bontés pour moi, et, grâce à ses soins, de grade en grade je devins capitaine et fus chargé de la caisse du régiment. A force d'économie, je parvins par des moyens honnêtes et à la faveur du commerce, à m'assurer un fonds de vingt mille livres sterling. Alors, je quittai le service. Il est vrai que j'ai fait trois remises à mon père; mais il n'y a eu que la première, de deux cents livres sterling, qui lui soit parvenue ; la seconde est tombée entre les mains d'un banqueroutier ; je confiai la troisième à un gentilhomme écossais qui mourut dans la traversée.

Après le dîner, le capitaine remet à son père cinquante livres sterling, pour subvenir à ses besoins les plus pressants : il lui en assura, ainsi qu'à sa mère, quatre-vingts de revenu annuel, reversibles sur ses deux frères ; il promit d'acheter une commission à celui qui s'était engagé, et d'associer le plus jeune à une manufacture qu'il se proposait d'établir pour donner de l'occupation aux gens industrieux. Il dota de cinq cents livres sterling sa sœur, qui était mariée à un fermier peu aisé.

FIN.

TABLE.

—

FIN DE LA TABLE.

LIMOGES et ISLE,

Typographies Eugène Ardant et C. Thibaut.

9 782019 218010